天津市人民政府新闻办公室 天津社会科学院历史研究所◎编

Tianjin Zhinan

天津指南

（修订版）

天津大学出版社
TIANJIN UNIVERSITY PRESS

图书在版编目（CIP）数据

天津指南（修订版）/ 天津市人民政府新闻办公室，天津社会科学院历史研究所编. -- 天津：天津大学出版社，2021.6（2024.8重印）
ISBN 978-7-5618-6961-1

Ⅰ. ①天… Ⅱ. ①天… ②天… Ⅲ. ①天津 - 概况 Ⅳ. ①K922.1

中国版本图书馆CIP数据核字(2021)第100338号

策划编辑　油俊伟
责任编辑　油俊伟
装帧设计　谷英卉　董秋岑
技术编辑　宋　磊

出版发行　天津大学出版社
地　　址　天津市卫津路92号天津大学内（邮编：300072）
电　　话　发行部：022-27403647
印　　刷　北京华联印刷有限公司
经　　销　全国各地新华书店
开　　本　145 mm × 210 mm
印　　张　9
字　　数　273千
版　　次　2021年6月第1版　2024年8月第2版
印　　次　2024年8月第2次
定　　价　90.00元

鸣 谢

本书从选题策划到制作出版各个环节，承蒙各界专家学者精心指导，在此表示由衷的谢意！同时，衷心感谢天津市文旅局、各区宣传和文旅部门以及其他相关单位对本书出版的大力支持。在本书的编写过程中，还得到了各方朋友的大力协助，由于篇幅所限，无法一一列举，唯有致以真诚的谢意！由于时间水平有限，书中难免挂一漏万，还请各位专家批评指正！

目录 CONTENTS

目录 CONTENTS

目录 CONTENTS

目录 CONTENTS

目录 CONTENTS

一、这是天津卫

天津地处华北平原东北部，东临渤海，北依燕山，是海河五大支流——南运河、子牙河、大清河、永定河、北运河的汇合处和入海口，素有“九河下梢”“河海要冲”之称。

在区位地理上，天津经济腹地辽阔，是中国北方各地对外交往的重要通道，也是中国北方最大的港口城市，更是拱卫京畿的要地和门户。作为中蒙俄经济走廊主要节点、海上丝绸之路的重要支点、“一带一路”交汇点和亚欧大陆桥最近的东部起点，天津也是连接国内外、联系南北方、沟通东西部的重要枢纽和邻近内陆国家的重要出海口。

在人文历史上，天津有着万年人文史、千年文明史、六百年建城史，素有“近代百年看天津”之说，曾经创造了中国近代史上一百多个“第一”，被称为“拱卫京畿的门户、河海漕运的枢纽、近代历史的缩影、文化交融的前沿、民族工业的摇篮、现代教育的先河”。

河海相交、九河下梢的独特地理环境和近代以来的风云际会，共同赋予了天津“多元包容、融通和谐、开放创新”的文化特色和精神气质，这种特色和气质已经深深融入城市的发展肌理之中，也渗透到市民的衣食住行之中，造就了这座城市的颜值与性格、外在与内在。

天子津渡

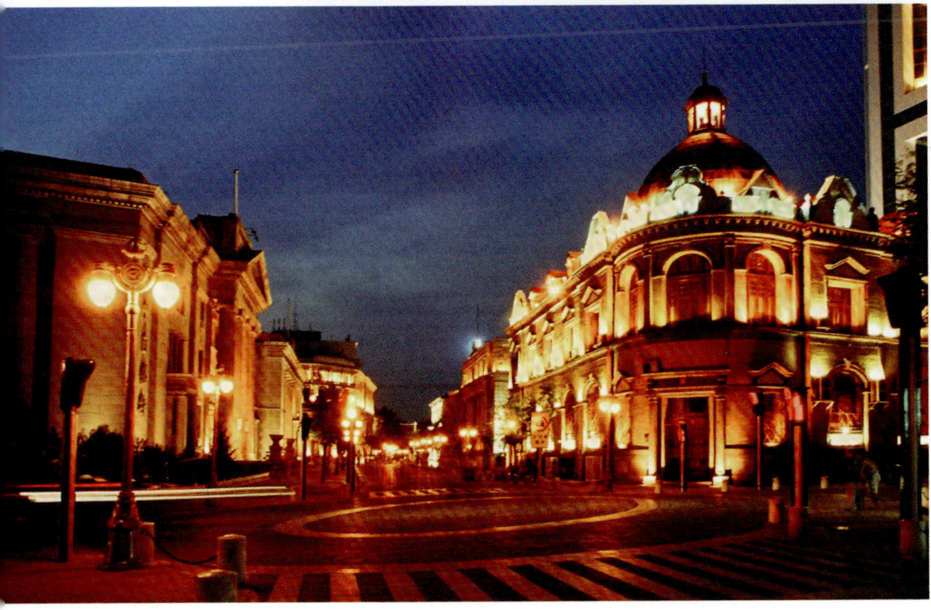

位于九河下梢、山海之间的天津，也是一座中国历史文化名城和中国首批优秀旅游城市。

天津旅游资源丰富，山水一体、河海一脉，拥有山、河、湖、海、泉、湿地等丰富景观，有以长城和大运河为代表的诸多世界文化遗产；近代史迹、名人故居、历史街区鳞次栉比，整建制、成区域，完整保存着八百余座历史风貌建筑，享有“万国建筑博览会”之称；天津也是中国北方文化艺术的发祥地之一，素有“戏剧摇篮”“曲艺之乡”的美称，有以天津相声、杨柳青年画为代表的民俗文化；更享有“饮食之都”的美誉，风味小吃林林总总，有着以“津味三绝”为代表的美食文化。

党的十八大以来，习近平总书记多次莅临天津视察，并对城市历史文化保护作出重要指示。2019 年 1 月，习近平总书记在天津考察时指出，要爱惜城市历史文化遗产，在保护中发展，在发展中保护。2024 年 2 月，习近平总书记赴天津考察调研时再次强调，中国式现代化离不开优秀传统文化的继承和弘扬，天津是一座很有特色和韵味的城市，要保护和利用好历史文化街区，使其在现代化大都市建设中绽放异彩。

天津也正在用城市的特色之美、韵味之情，欢迎五湖四海的游客。在这里，总有一处风景令你流连，总有一方山水让你倾心，总有一处风情令你艳羡，总有一种艺术让你迷恋，总有一道饮食让你回味。在天津，您可以随处领略到这座城市既大气又洋气、既古朴又现代、既厚重又浪漫的浓郁气息。

国家级称号

国家历史文化名城 天津
中国历史文化名镇 西青区杨柳青镇
中国历史文化名村 蓟州区渔阳镇西井峪村
国家级夜间文化和旅游消费聚集区 棉 3 创意街区

全国重点文物保护单位

和平区
· 利顺德大饭店
· 天津劝业场大楼
· 盐业银行旧址
· 法国公议局旧址
· 天津五大道近代建筑群
· 伪满洲国领事馆旧址
· 天津市军事管制委员会和中共天津市委旧址

河东区
· 天妃宫遗址

河西区
· 北疆博物院旧址
· 天津工商学院主楼旧址

南开区
· 南开学校旧址
· 南开大学思源堂
· 天津广东会馆
· 天津天后宫
· 李纯祠堂

河北区
· 望海楼教堂
· 梁启超故居
· 马可波罗广场建筑群
· 觉悟社旧址
· 天津北站

红桥区
· 义和团吕祖堂坛口遗址
· 北洋大学堂旧址
· 天津西站主楼
· 谦祥益绸缎庄旧址

西青区
· 杨柳青博物馆
· 石家大院

宁河区
· 天尊阁

滨海新区
· 大沽口炮台遗址
· 北洋水师大沽船坞遗址
· 塘沽火车站旧址
· 黄海化学工业研究社旧址

蓟州区
· 独乐寺
· 千像寺造像
· 蓟州白塔
· 平津战役前线指挥部旧址

跨区域
· 万里长城
· 京杭大运河

国家级非物质文化遗产

民间文学

- 杨家将传说（杨七郎墓传说）（宁河）

传统舞蹈

- 西码头百忍京秧歌高跷

传统音乐

- 津门法鼓（刘园祥音法鼓）
- 汉沽飞镲（滨海新区）
- 津门法鼓（香塔音乐法鼓）（西青）
- 津门法鼓（杨家庄永音法鼓）
- 津门法鼓（挂甲寺庆音法鼓）

传统美术

- 杨柳青木版年画
- 天津泥人张
- 津派面塑

传统戏剧

- 京剧
- 评剧
- 河北梆子

曲艺

- 京东大鼓（宝坻）
- 天津时调
- 相声
- 京韵大鼓
- 梅花大鼓
- 单弦
- 白派京韵大鼓

传统体育、游艺与杂技

- 回族重刀武术（红桥）
- 拦手门（河东）
- 戏法（和平）
- 李氏太极拳（武清）
- 大六分村登杆盛会
- 永良飞叉
- 穆氏花毽
- 无极拳

传统技艺

- 天津风筝魏制作技艺（南开）
- 老美华手工制鞋技艺（和平）
- 天津“狗不理”包子制作技艺（和平）
- 传统面食制作技艺（桂发祥十八街麻花制作技艺）（河西）
- 天津葫芦制作技艺
- 天津戏剧靴子制作技艺
- 古籍修复技艺
- 葫芦庐葫芦制作技艺
- 独流老醋酿造技艺
- 益德成闻药制作技艺
- 安宫牛黄丸制作技艺
- 津沽脏腑推拿
- 达仁堂牛黄清心丸制作技艺
- 宏仁堂紫雪散传统制作技艺

传统医药

- 达仁堂清宫寿桃丸传统制作技艺
- 隆顺榕卫药制作技艺（南开）
- 京万红软膏组方与制作技艺（南开）

民俗

- 妈祖祭典（天津皇会）
- 妈祖祭典（葛沽宝辇会）

海河观光

海河观光是乘船欣赏海河两岸旖旎风光和体验建筑历史文化的独特的旅游项目。海河观光集中了天津游的精华，一路上既可感受天津时代的变迁，也可欣赏到现代都市的繁华。乘船可以遍览赤峰桥、解放桥、大沽桥、北安桥、进步桥、金汤桥、狮子林桥、金钢桥、永乐桥和大悲院商贸区、三岔河口、古文化街、玉皇阁、望海楼教堂、津门津塔、意式风情旅游区、袁氏宅邸、音乐广场、天津市规划展览馆、金街商贸区、世纪钟、天津站广场等海河沿岸的“九桥十三景”。

小贴士：

景点地址： 天津站码头：天津火车站前广场
古文化街码头：天津市南开区古文化街狮子林桥旁
大悲禅院码头：天津市河北区李公祠大街平安街与博爱道交口西北 50 米南
意式风情旅游区码头：天津市河北区金街地铁站 A 出口步行 470 米
游览线路： 天津之眼—解放桥往返（行程 50 分钟左右）
观光游时间： 9:00—21:30
游览费用： 10~150 元 / 人

天津之眼　景区等级：AAAA

天津之眼，即天津永乐桥摩天轮，坐落在北运河畔的永乐桥上，兼具观光和交通功用，是世界上唯一一座建在桥上的摩天轮，也是天津的地标之一。

摩天轮直径 110 米，轮外挂装 48 个透明座舱，每舱上限可乘坐 8 人。舱内舒适宽敞，有空调和风扇调节温度，可同时供 384 人观光。30 分钟左右的时间，摩天轮带您俯瞰天津这座现代化都市的车水马龙，在这里可以看见海河上一座座桥灯火璀璨，一艘艘游船缓慢驶过，一幢幢老建筑闪着光亮。

小贴士：

景点地址： 天津市河北区三岔河口永乐桥上

交通情况： 904、910、观光 1 路（永乐桥站）；5、606、642 路（三条石站）

开放时间： 周二至周日 9:30—21:30 （周一 18:00—21:30）

门票价格： 成人票 70 元、儿童票 25 元（限 1.2 米以下儿童）

周边景点： 古文化街旅游区（1.3 千米）| 天后宫（1.3 千米）| 鼓楼商业街（1.5 千米）

附近美食： 津菜典藏、正阳春、国祥饭庄、清真燕春楼、瑞发祥穆四饭庄

咨询电话： 022-26288830

预约通道： 扫描二维码关注“天津之眼”公众号

解放桥

解放桥 1927 年正式建成，前身为 1902 年修建的老龙头铁桥，先后耗资达 190 万两白银，是一座用电力启动、中间可以开合的铁桥，也是中国近代史上造价最为昂贵的桥梁之一。该桥长 96.7 米，桥面总宽 19.5 米，取名“万国桥”，即国际桥之意。作为天津最著名的地标，如今的解放桥不仅是交通要道，更是海河上的一处独特景观。逢重大节假日，天津对解放桥进行开启，这一景观成为极富特色的城市名片。

小贴士：

景点地址：天津火车站（东站）与解放北路之间的海河上
交通情况：地铁 3 号线（津湾广场站）;5、8、9、13、24 路（天津站公交站）
开放时间：全天
门票价格：免费
周边景点：世纪钟广场（0.1 千米）| 津湾广场（0.2 千米）| 意式风情旅游区（0.8 千米）
附近美食：青年公社 • 烤鸭、津味菜馆、狗不理

狮子林桥

狮子林桥始建于 1954 年，得名于狮子林庙以及在庙的周围自然形成的名为狮子林村的村落，是中国公路桥梁建设史上最早采用预应力混凝土悬臂技术的一座桥梁。狮子林桥经过两次修缮，先后建造“哪吒闹海”和“二龙戏珠”造型，又形成“九龙戏水”的美景。2003 年进行桥梁顶升，顶升桥梁当时在国内尚属首例，重新翻修后，2017 年堤岸景观全面贯通，大小狮子的数量达到了 1181 只，这些狮子雕像神态各异，使其成为名副其实的“狮子林”。

小贴士：

景点地址：天津市河北区狮子林大街与海河东路交口
交通情况：15、146、147、172 路（望海楼站）
开放时间：全天
门票价格：免费
周边景点：望海楼教堂（0.1 千米）| 李叔同故居纪念馆（0.3 千米）| 古文化街旅游区（0.3 千米）| 天津之眼（1 千米）| 大悲禅院（1 千米）
附近美食：古文化街风情美食街、登瀛楼、燕春楼

天津归来不看桥：

←金钢桥始建于1903年，1924年建新桥，1996年重建，重建后的金钢桥造型新颖、美观、壮丽，宛如一道飞跨海河两岸的“彩虹”。

→金汤桥始建于1906年，是天津最早、国内仅存的三跨平转式开启的钢结构桥梁。平津战役中，中国人民解放军两个突击集团在金汤桥上胜利会师。2005年在恢复设计原貌的基础上对桥梁进行了加固整修，两头加建了钢结构的玻璃引桥，所以该桥又称“玻璃桥”。

←进步桥建成于2007年，连通海河西岸和平路商业区和海河东岸的奥式风貌区、意式风情区。其流线造型，像一列奔驰而来的高速列车。

→北安桥始建于1939年，1973年改建为钢筋混凝土桥，2004年又做了抬升改造。桥头雕塑采用了西洋古典式风格，吸取中国传统其中包括寓意东、西、南、北四方平安的“青龙”“白虎”“朱雀”“玄武”四大桥头雕像。

←大沽桥由著名桥梁设计师邓文中先生设计，设计构思为“日月同辉”，大拱面向东方，象征太阳，小拱面向西方，象征月亮，该桥曾获国际桥梁大会颁发的尤金·菲戈奖，于2005年建成通车。

→赤峰桥于2008年完工，是当时国内唯一的一座斜塔双索面弯斜拉桥，巨大的斜塔支撑着整个桥梁。赤峰桥像一艘巨轮，扬起风帆远行，被称为“海河之舟”。

→金汇桥，又称保定桥，建于2006年，是独塔斜拉桥结构，以西岸斜塔吊起整个大桥桥面，形状颇像一张风帆，寓意国际港口大都市天津正乘风破浪、日益繁荣。

←大光明桥始建于1983年，紧临繁华的小白楼商业区，承担着繁重的交通压力，是内环线重要的交通枢纽。

→金阜桥，又名蚌埠桥，造型独特，在主桥两侧有观光人行道，并通过踏步连接至海河两岸的带状公园，远远望去犹如一缕飘带摇曳生姿，极富动感！

←直沽桥原名奉化桥，是天津市首座中承式全钢结构拱桥，最令人瞩目的还是夹在拱跨之间的“花瓣”，在大桥的3道拱跨之间，每片花瓣由2个钢制三角形组成，大小不一，共有36种。

→刘庄桥，最初为开启式木结构浮桥，该址原为刘庄渡口，故名刘庄浮桥。1992年由原来的浮桥改造成斜拉桥，为海河上第一座独塔斜拉桥，桥塔高42米。

←光华桥，建于1977年，原名四新桥，2007年重建，整个桥身以银灰色为主色调，流线型造型，底部圆润厚重，稳重感十足，像一艘巨型航母横卧在海河上，被称为“海河航母”。

→国泰桥，东端连接河东区国泰道，因此得名，于2012年5月3日建成通车。桥身为钢桁架拱桥，参照悉尼国家大剧院桥建设而成，全桥共有30根吊杆钢丝索，整体风格气势恢宏，厚重大气。

大悲禅院　景区等级：AAAA

大悲禅院是天津市保存完好、规模最大的一座八方佛寺院。它由西院和东院两部分组成，西院又称旧庙，始建于清顺治年间，康熙八年（公元 1669 年）扩建，由文物殿和方丈院等组成；东院又称新庙，建于 1940 年，由天王殿、大雄宝殿、大悲殿、地藏殿、配殿、耳房和回廊组成，是寺院的主体。

大悲禅院因供奉大悲观音（又称千手观音）而得名。大悲院后殿里一尊高 3.6 米、宽 4 米的千手观音金身像，神态庄严、姿容动人，是天津美术学院王家斌和其助手于 1984 年精心设计、雕塑而成的。大悲禅院又因曾在 1945 年至 1956 年间供奉过唐代高僧玄奘法师顶骨舍利而盛名远扬。

小贴士：

景点地址： 天津市河北区天纬路 40 号
交通情况： 849、954 路（世纪天乐站）；574、653 路（天奕商城站）
开放时间： 9:00—16:00；农历每月初一、十五为 6:00—16:30
门票价格： 5 元
周边景点： 三岔河口（0.3 千米）| 天津之眼（0.4 千米）| 觉悟社纪念馆（0.7 千米）
附近美食： 津门羊大爷、津悦津师傅烤鸭
咨询电话： 022-26261769

玉皇阁

玉皇阁始建于明洪武元年（1368年），明宣德二年（1427年）重建。位于天津老城外东北角南侧，海河三岔口西岸，坐西朝东，是天津现存最古老的木结构二层楼阁建筑之一。玉皇阁原建筑群十分庞大，由旗杆、牌楼、山门、钟鼓楼、前殿、八卦亭、清虚阁、南斗楼、北斗楼及三清殿组成。现仅存其中的主体建筑清虚阁，是该建筑群中唯一保留下来的明代建筑，至今仍沿用玉皇阁的名称。其梁上的“千秋带”清楚地记载着历朝修缮的年代。

小贴士：

景点地址：天津市南开区古文化街北口
开放时间：全天
建议游玩时间：1 小时左右
周边景点：参看“古文化街”
附近美食：参看“古文化街”

望海楼教堂

望海楼教堂于清同治八年（1869 年）由法国天主教会修建。望海楼教堂为砖木结构，高 10 米、长 30 米、宽 10 米，平面呈长方形。除塔楼外大部分建筑为二层，青砖墙面，尖拱式门窗，入口两侧设有扶壁，内部有三道通廊，中廊稍高，侧廊次之，属巴西利卡式。另有平顶的塔楼，后来又在礼拜堂四角设立了小角楼。教堂具有典型的哥特式风格，是天津近代标志性建筑，1988 年列入第三批全国重点文物保护单位。2017 年入选“第二批中国 20 世纪建筑遗产”。

小贴士：

景点地址：天津市河北区狮子林大街 292 号
交通情况：195、681、802 路等（望海楼站）
开放时间：全天
注意事项：仅对教徒开放
周边景点：古文化街旅游区（0.5 千米）| 天津之眼（1 千米）| 意式风情旅游区（1.5 千米）
咨询电话：022-26351172

天津市规划展览馆

天津市规划展览馆是展示和宣传天津城市形象和规划自然资源领域工作成果的重要窗口，宣传和普及城乡规划法律法规，记录和反映城市发展变化，通过丰富的展示内容、多样的展示形式、科学的展示手段发挥党史新中国史、科普、爱国主义、法治、统战等国家和市级教育基地作用，向社会快速、及时、准确地传播天津发展动态及城市未来发展脉络，是全面、系统了解天津的好去处。开馆以来，先后接待包括党和国家领导人和外国政要在内的各类宾客近 600 万人次。

小贴士：

景点地址： 天津市河北区博爱道 30 号
开放时间： 周二至周日 9:00—16:30
门票价格： 免费
建议游玩时长： 2~3 小时
周边景点： 意式风情旅游区（0.1 千米）| 梁启超纪念馆（0.4 千米）| 曹禺故居纪念馆（0.5 千米）
附近美食： 成桂西餐厅、上海年代、南京大牌档、王品台塑牛排、福楼法餐
咨询电话： 022-24456501
官方网站： www.tpeh.net

世纪钟

世纪钟是天津市为迎接新世纪，在天津站前广场建造的大型标志性城雕建筑。全部由金属材料制成，钟高 40 米，直径 14.6 米，基座面积 74.4 平方米，重 170 吨有余，分钟盘、摆架和基座三部分。钟摆上下，日月辉映；钟盘圆周，众星拱卫，中西交融，天人合一，古典与现代浑然一体，寓意时空延续，时不我待；厚重的锻铜底座上布满大小齿轮、链条以及巨大的钢制螺钉、铆钉，与古老的解放桥互相映衬，世纪钟每天 12 时、18 时准时敲响，向人们诉说着中国的近代工业从这里开始。

小贴士：

景点地址： 天津市河东区海河东路世纪钟广场
交通情况： 地铁 2、3、9 号线（天津站）；观光 3 路（海河广场站）
开放时间： 全天
门票价格： 免费
周边景点： 天津金融博物馆（0.3 千米）| 曹禺故居纪念馆（0.5 千米）| 梁启超纪念馆（0.6 千米）
附近美食： 青年餐厅、南京大牌档、海底捞、上海年代

天美艺术街区

天美艺术街区位于海河之滨，以天津美术学院为核心 IP，打造全市第一个开放型大学，街区不仅提供艺术化的设计及审美体验，而且从艺术策展、大型公共艺术活动、艺术类论坛等方方面面展示艺术魅力、彰显活力。片区范围内通过“邓颖超在女师”陈列馆、孙其峰艺术馆、天美艺术空间等 9 大空间形成微博物馆群，让人们在陶醉于殿堂级传世经典的同时，感受充满烟火气的生活美学。

小贴士：

景点地址： 天津市河北区李公祠大街与中山路交口西侧
开放时间： 全域全天；天美艺术空间（10:00—17:00，周一闭馆）
门票价格： 免费
周边景点： 天津之眼（0.5 千米）| 大悲禅院（0.5 千米）| 古文化街旅游区（0.8 千米）| 意式风情旅游区（1.9 千米）
附近美食： 津菜典藏、普天和、桂发祥
咨询电话： 18698012899

茶馆相声

名流茶馆

名流茶馆始建于 1991 年，是改革开放以来天津第一家具有浓郁地方特色和传统民俗特征的民间演艺茶馆，为相声回归小剧场开辟先河，骆玉笙、马三立、苏文茂等曲艺界名流均曾在此登台献艺。名流茶馆的匾额由相声泰斗马三立先生亲笔题写，茶馆共有四家分号，日平均接待观众千余人次，成为天津传统文化艺术的展示窗口，被誉为“天津新文化品牌”。粗茶大碗碧螺春，长凳方桌曲艺人。茶馆门内高朋客，闻说“相思赋予谁”。名流茶馆是改革开放以来茶馆相声复苏的代表，您到了天津卫，可一定得来名流茶馆走上这么一遭！

小贴士：

景点地址： 古文化街店：天津市南开区古文化街风情美食街 61-8
名流茶馆新华路店：天津市和平区新华路 177 号
津湾大剧院店：天津市和平区解放北路 48 号津湾广场 4 号楼
多伦道店：天津市和平区同方花园 6-8 底商
开放时间： 详见名流茶馆官网，演出时间以各门店发布为准
门票价格： 详见名流茶馆官网
官方网站： www.mingliuchaguan.com
咨询电话： 022-27286420

谦祥益相声茶馆

谦祥益相声茶馆也称“谦祥益文苑”，成立于2002年，初在估衣街谦祥益旧址，2018年迁至西北角陆家嘴中心。剧场地下有国内首家相声主题文化地铁站，剧场内有天津相声图书馆及天津相声博物馆，珍贵的老照片和藏品记录了百余年来相声的发展历程，让观众在听相声的同时，也能感受到相声的历史厚重感。

关注“谦祥益文苑”官方公众号

小贴士：

景点地址： 天津市红桥区西北角大丰路陆家嘴中心5层
交通情况： 地铁1号线（西北角站）；52、631、687路（先春园站）
演出时间： 周一至周五 14:30、19:30
门票价格： 80元、100元、120元、150元
周边景点： 清真南大寺（0.9千米）| 鼓楼商业街（1.3千米）| 天津广东会馆（1.4千米）
附近美食： 清真二嫂子煎饼馃子、大福来锅巴菜、回奶奶清真菜、王三姑牛肉饼
咨询电话： 022-27053206

西岸相声剧场

西岸相声剧场于 2011 年 8 月 19 日开业，是天津市首家传统曲艺艺术的高档剧场，位于著名百年老园人民公园内，建筑面积达 900 平方米，分为两层，一层为演艺大厅，可容纳 300 余人，二层为贵宾区，共设 8 个 VIP 单间，可容纳 70 余人。剧场装修豪华典雅，是民族风格和现代时尚的完美结合，从灯光布景到舞台音响以及演艺大厅，既富有曲艺传统特色，又讲求大气舒适，符合现代人的休闲需求，在京津地区同类相声演出场所中堪称上乘，并开天津市相声茶楼无烟场所之先河。

关注"西岸相声剧场"官方公众号

小贴士：

景点地址： 天津市河西区人民公园内（儿童游艺区旁）

开放时间： 周一至周五：19:30—21:30　周六、周日：14:30—16:30 19:30—21:30

门票价格： 一楼：80 元、100 元、120 元；
二楼包厢：1680 元、1280 元、880 元、680 元

建议游玩时间： 120 分钟

周边景点： 五大道文化旅游区（1.3 千米）| 北疆博物院（0.8 千米）|
庆王府旧址（1.3 千米）| 天津博物馆（2.4 千米）

附近美食： 南楼煎饼总店、大福来国民食堂、台湾菜馆、宝轩渔府、津菜典藏

老城小梨园

老城小梨园坐落于天津老城博物馆内，是天津地区首家建于博物馆内的曲艺场所。这也是将历史文物建筑与中华传统艺术完美融于一体的一大创举。其内部装饰典雅大气，突出传统民居的特色和风格，建筑本身就可以成为观众欣赏、品味传统文化的一个亮点，营造出高品位的传统文化氛围，是听相声的绝佳之地。

小贴士：

景点地址： 天津市南开区鼓楼东街 202 号
交通情况： 地铁 2 号线（鼓楼站 / 东南角站）；161、168、169 路（鼓楼站）
开放时间： 13:30—15:30；16:00—18:00；19:30—21:30
门票价格： 80 元
周边景点： 参看“鼓楼商业街”
附近美食： 参看“鼓楼商业街”
咨询电话： 4001019899

关注微信公众号

元昇茶楼

元昇茶楼是天津仅存的一处在原清代茶园旧址上复建的二层砖木结构清式建筑，中为大堂戏园，上有罩棚，可供游人听戏、品茶。东、南、北三面为包间，触摸铁环扶手，推开木门，依稀可以看到屋内的竹桌、竹椅。大堂宫灯下面，错落有致地摆放着十几张竹桌，40 多个竹椅环桌而设，古香古色，可谓“青瓦楼台”“朱廊画壁”，颇具清末民初戏曲茶园特色。

小贴士：

景点地址： 天津市南开区鼓楼北街 79 号
交通情况： 地铁 2 号线（鼓楼站）；657、169、863 路（鼓楼站）
开放时间： 周一至周六 19:30—22:00；周日 14:30—17:00 、19:30—22:00
演出时间： 京韵大鼓：周二、周四 14:00 开场
京剧票友会：周三、周五 14:00 开场
相声专场：周五 19:30 21:30　周六、周日 14:30 16:30 19:30 21:30
门票价格： 京剧、曲艺门票 10 元；相声 30-100 元，位置可选
周边景点： 天津老城博物馆（0.2 千米）| 天津文庙博物馆（0.7 千米）|
古文化街旅游区（1 千米）
附近美食： 津菜宋记老房子、湖太府私房菜、耳朵眼炸糕、正阳春、尚膳府谭家菜、卫鼎轩
咨询电话： 022-27282946

杨光相声社

杨光相声社成立于 2018 年 1 月 1 日，位于古文化街文化旅游商圈，坐落于海河游轮古文化街码头正对面张自忠路文化小城。由杨议及其父亲杨少华创立，以“传承优秀传统文化艺术，让老百姓听得起相声”为要旨，集结了一大批年轻的相声演员，说学逗唱笑谈古今世事。此外，杨光相声社还是《杨光的快乐生活》升级版《杨光那些事》系列剧的主要场景拍摄地之一。

小贴士：

景点地址： 天津市南开区张自忠路文化小城 7-126 号
交通情况： 观光 3 路（胜利路站）；108、675、633 路（望海楼站）
开放时间： 周一至周五 19:30；周六、周日 14:30—19:30
门票价格： 60~130 元
周边景点： 古文化街旅游区（0.2 千米）| 李叔同故居纪念馆（0.2 千米）| 望海楼教堂（0.4 千米）
附近美食： 古文化街风情美食街、红帽家常菜、正阳春、津菜典藏
咨询电话： 18522147458

天实景剧院

剧院装修风格以红色元素为主体，突出传统喜庆的氛围，舞台布景及陈设既简约又突出时尚元素。始终以将天津本土相声发扬光大、脉脉相传为初衷，同时在传统相声中融入时尚元素，既满足喜欢地道天津相声的观众群体的需求，又能紧跟新时代潮流，成为津城曲艺界的又一处亮点！

喝上一杯香茗，听着相声，如此惬意快活，也不失为一种享受。

小贴士：

景点地址：天津市和平区和平路天河城 4 楼
交通情况：地铁 3 号线（和平路站）
门票价格：80~120 元
开放时间：10:00—22:00
演出时间：平日 15:30 19:30；周末 13:30 16:30 19:30；
节假日 11:00 13:30 16:30 19:30 22:00
周边景点：金街 | 津湾广场
附近美食：鱼酷、金掌勺 • 锅包肉、绿茶餐厅、观海蒸汽海鲜自助
咨询电话：022-27121253

哏都青年相声剧场

哏都青年相声剧场成立于 2016 年，成员以高学历年轻演员为主，拥有自己的演出团队、创作团队及两个演出剧场。日常演出以传统节目和创编节目为主，结合相声、快板、戏法等多种形式。

团队演员多为专业相声演员，长年活跃在天津各大剧场，参与各种大型演出及电视节目录制。在继承发扬传统的基础上重视创作新的作品，推陈出新，其团队是天津相声团体中一颗冉冉升起的新星。

小贴士：

景点地址： 天津市河东区琳科东路 68 号（爱琴海购物公园 BF1 层北街 D003 号商铺）
交通情况： 地铁 5 号线（成林道站）
门票价格： 70 元、120 元
开放时间： 周一至周五 19:30—22:00；周六、周日 14:30—17:00 19:30—22:00
周边景点： 荐福观音寺（1.4 千米）| 元明清天妃宫遗址博物馆（1.9 千米）| 二宫公园（2 千米）
附近美食： 臻味老房子、宴宾楼、北李妈妈菜、巴依老爷新疆美食、大吉利 • 牛腩饭 • 牛杂煲

德云社（天津分社）

德云社（天津分社）位于河北区建国道 121 号（原民主剧场），由原民主剧场重新修缮后建成。民主剧场始建于 1890 年，是天津最早建成的戏曲演出场所之一，京剧名角谭鑫培、杨小楼，相声泰斗马三立都曾在此登台献艺，梅兰芳、孟小冬在这里进行天津首演。这里承载了一个多世纪以来无数名角宛转悠扬的曲调，也见证了近代天津戏曲文化的发展历程。德云社的到来令这座剧场重现昔日繁荣。这里大咖云集，欢乐不断，您可以在此听相声、品香茗，领略相声艺术的魅力，感受津门曲艺的浓浓烟火气。

小贴士：

景点地址：天津市河北区建国道 121 号
交通情况：地铁 2 号线（建国道站）；634、8、802 路（胜利路站）
演出时间：周二至周三 19:30；周四至周日 14:00—19:30
门票价格：80 元、160 元、240 元、300 元
周边景点：意式风情旅游区（0.5 千米）| 古文化街旅游区（0.5 千米）
附近美食：耳朵眼炸糕、十八街麻花
咨询电话：022-24033288

杨柳青年画

杨柳青年画是著名的中国民间木版年画之一，与苏州桃花坞年画并称“南桃北柳”，同时它也是天津市民间传统美术、国家级非物质文化遗产之一。杨柳青木版年画题材广泛，内容丰富，构图饱满，寓意吉祥，雅俗共赏，刻工精美，绘制细腻，人物生动，色彩典雅。它继承了宋、元绘画的传统，吸收了明代木刻版画、工艺美术、戏剧舞台的形式，采用木版套印和手工彩绘相结合的方法，创立了鲜明活泼、喜气吉祥、富有感人题材的独特风格。

小贴士：

景点地址： 天津市河西区佟楼三合里 111 号
交通情况： 902、862 路（贵州路天和医院站）
门票价格： 免费
周边景点： 曹汝霖故居（1.3 千米）| 天津自然博物馆（1.4 千米）| 天津博物馆（1.6 千米）
附近美食： 友达面馆、泰钰丰烤鸭、好牛烧肉、桂园餐厅、砂锅李

泥人张

“泥人张”始创于清代末年，创始人张明山生于天津，自幼跟随父亲学习制作泥塑。他心灵手巧，富于想象，捏制出来的泥人个个形态逼真，一时传为佳话，老百姓都喜爱他的作品，亲切地称他为泥人张。泥人张彩塑艺术自张明山先生创始至今已有198年的历史，经历六代父子传承，代有名家，其第六代传人张宇先生继承和发展了泥人张彩塑技艺，开办了泥人张世家和泥人张美术馆。天津泥人张彩塑工作室坐落在马场道上，是国家级非物质文化遗产代表性项目保护单位。

小贴士：

泥人张世家
景点地址：天津市南开区宫北大街11号
开放时间：10:00—17:00
泥人张美术馆
景点地址：天津市南开区古文化街通庆里四号院
开放时间：10:00—17:00（法定节假日闭馆）
泥人张彩塑工作室
景点地址：天津市河西区马场道202号
门店地址：天津市南开区古文化街17号、天津市南开区鼓楼商业街北街74号
开放时间：9:00-16:30

风筝魏

风筝古称纸鸢，在中国已经有两千多年历史。清代光绪十八年（1892年），魏元泰在天津鼓楼创立“魏记长清斋扎彩铺”，“风筝魏”之名由此而来。魏元泰有一手扎风筝的好手艺，他扎的风筝可以拆展折叠，一尺多长的大风筝，折叠后可放在一个小信封里，便于携带和收藏。他研制了平板式、弓子式、立体式、串式和袖珍式等风筝200余种。如今“风筝魏”在制作技艺和绘制方面均具有独特的文化价值。“风筝魏”风筝制作技艺也成为国家级非物质文化遗产之一，是民俗学和民间工艺史研究的重要对象。

小贴士：

景点地址： 鼓楼北街 89 号 Ne-253
交通情况： 地铁 2 号线（鼓楼站）
开放时间： 周一至周日 10:00—16:00
周边景点： 古文化街旅游区（0.5 千米）| 意式风情旅游区（1 千米）| 天津之眼（1.5 千米）| 大悲禅院（1.7 千米）| 静园（1.9 千米）
附近美食： 津门炒饭王、大姨捞面、玉玲珑、正阳春、二嫂子煎饼馃子、津菜宋记老房子

益德成鼻烟

闻药俗称“鼻烟”，是中国传统医学中通嚏疗法的一种产物，通过鼻腔吸闻达到提神、醒脑、开窍、清心、避疫的效果。益德成鼻烟制作技艺始于清康熙四十九年（1710 年），至今已有三百余年。

益德成鼻烟原料选优质烟草研磨成细粉，掺入茉莉花、麝香、丁香、檀香等药材，熏制后密封在陶缸中陈化数年乃至数十年，出售前再用鲜茉莉花熏制一次而成。2014 年 11 月，益德成鼻烟制作技艺被国务院列入第四批国家级非物质文化遗产代表性项目名录。

小贴士：

景点地址：天津市红桥区光荣道与北大街交叉口西沽公园内闻药文化博物馆
交通情况：地铁 1 号线（洪湖里站）；5 路（西沽站）
开放时间：周二、周五上午 9:00—11:00
门票价格：免费
周边景点：南普公园（1.4 千米）| 耳闸公园（1.8 千米）| 天津之眼（2.4 千米）
附近美食：味道东北、肘子酥、登悦酒楼

老津卫茉莉花茶

天津茉莉花茶是以福建、浙江、江苏及安徽等地茶叶，按照不同等级和档次拼配而成的。拼配后的茉莉花茶既有江浙茶叶的香气，又有闽皖茶叶的滋味，具有香气高、滋味浓、口感好且耐泡的特点，是深受北方消费者喜爱的天津拼配花茶，被称为“北方第一香”。天津茉莉花茶的拼配工艺已成为天津地区非物质文化遗产。天津知名品牌老津卫已恢复完成三十多个传统茶叶品类，并用传统包装形式呈现在世人面前。

老津卫茉莉花茶

小贴士：

景点地址：天津市河东区海河东路棉 3 创意街区壹号楼
交通情况：观光 3 路（棉三创意街区站）；760 路（郑庄子站）
开放时间：全天
门票价格：免费
周边景点：富民公园（0.5 千米）| 挂甲禅寺（1.1 千米）| 二宫公园（1.4 千米）
附近美食：棉锦餐厅、风土情津鲁菜馆、酉鸡汇 • 打边炉

葫芦庐

葫芦工艺是中国民间技艺的瑰宝，葫芦庐的葫芦制作工艺起源于清光绪年间，创始人是赵锡荣。葫芦庐在传承、发展葫芦制作工艺的进程中形成了它本身的历史、文化和科学价值。葫芦庐小镇位于宝坻区大钟庄镇牛庄子村，是集艺术品展示、文创用品销售、餐饮住宿和会议等功能于一体的特色旅游景区，主要包括葫芦文化主题博物馆、葫芦市集、葫芦采摘区等旅游项目。

小贴士：

景点地址： 天津市宝坻区大钟庄镇牛庄子村
交通情况： 宝 19 路、宝 23 路（牛庄子站）
门票价格： 免费
开放时间： 9:00—16:00

万福堂青花

瓷器是中国重要的文化名片，青花瓷最早出现在唐代，成熟的青花瓷绘制技法属元代和明朝永宣时期的品质最佳。万福堂青花烧制技艺始于晚清民国，创始人王义轩沿用老工艺制作，随着技术革新，在 20 世纪 90 年代中期可以运用现代工业技术生产具有元青花风格的陶瓷。万壶堂陶瓷博物馆坐落于天津市河北区，这里保存了各个时期的陶瓷藏品千余件、手稿几千张、成书几百册和大量专业书籍，是专门从事陶瓷艺术品展卖、推广、销售的文化艺术场所。

小贴士：

景点地址： 天津市河北区日纬路 13 号
交通情况： 869、12、609 路
门票价格： 免费
开放时间： 全天
周边景点： 觉悟社纪念馆（0.3 千米）| 中山公园（0.4 千米）| 曹家花园（1 千米）| 大悲禅院（1 千米）| 天津之眼（1.2 千米）
附近美食： 惠宾饭庄、中山路美食街

狗不理包子

狗不理包子是天津一道闻名中外的传统小吃，始创于清咸丰年间，为“天津三绝”之首，中华老字号之一。狗不理包子的面、馅选料精细，外形美观，特别是包子褶花匀称，每个包子都有不少于18个褶，有赞曰：薄皮儿大馅儿十八个褶，就像一朵花。其制作工艺被列入国家级非物质文化遗产名录。

狗不理包子总店位于天津市和平区山东路77号，菜品精致，味道鲜美，不仅有美味的包子，您还能品尝到天津特色菜和地方风味小吃，欣赏独特的天津地方曲艺，让您在享受天津地域文化的同时扫去旅途的疲惫。

小贴士：

景点地址： 天津市和平区山东路77号
（狗不理其他店铺信息请查询“狗不理”微信公众号）

总店交通： 1、50、611、619路（山东路站）

营业时间： 10:00—21:00

周边景点： 津塔（0.6千米）| 海河风景线（0.7千米）| 天津邮政博物馆（1.1千米）

附近美食： 同来顺餐厅、天津桊号馆、益民餐厅、南京大牌档

咨询电话： 022-27302540、022-27300402

线上点餐： 扫描二维码，关注“狗不理”微信公众号

桂发祥麻花

20 世纪 20 年代，“桂发祥十八街麻花”率先将什锦馅料融于麻花制作之中，使产品条酥而不懈，馅溢而不散，均匀饱满，紧致有序，头似石榴嘴儿、底如托宝瓶，造型周正，金黄通透的完美形态，并以香甜酥脆、久放不绵的特点，成为津门乃至北方美食的翘楚。时至今日，桂发祥十八街麻花以其精湛的工艺、精良的制作、甜美的口感、精美的包装为世人称道，位列“天津三绝”之一。其产品传承经典老味道，将工匠精神内化于心、外化于形，融入每一个制作环节。实现了从手艺到技术再到艺术的华丽转身，保留了传统特质与民族文化特色。桂发祥十八街麻花制作技艺现为国家级非物质文化遗产，桂发祥麻花也是中华老字号和中华名小吃，成为享誉全国的“天津食品名片”。

小贴士：

景点地址： 天津市河西区洞庭路 32 号（桂发祥十八街麻花文化馆）
交通情况： 公交 20 路、662 路、665 路、954 路珠江桥站，地铁 10 号线春海路站 D 口
开放时间： 周一至周五 9:00—17:00
周边景点： 天津博物馆（5 千米）
附近美食： 桂发祥 • 直营、鑫裕园三个拿手菜、源味湘水人家湘菜、鼎建渔家村饭店
咨询电话： 022-88112002
温馨提示： 1. 十八街麻花文化馆实行预约参观制，欢迎关注“桂发祥十八街麻花”官方微信公众号了解。2. 直营门店众多，具体店铺以官方发布为准。
预约通道： 关注“桂发祥十八街麻花”官方微信公众号了解更多内容

耳朵眼炸糕

耳朵眼炸糕是“天津三绝”之一，始创于清光绪年间，因店铺紧靠耳朵眼胡同而得名。耳朵眼炸糕以优质糯米和红小豆为原料，制面、做馅、成坯、炸制。成品为规整的扁球形，脆壳色如黄金、面肉洁白如玉，豆馅绵甜适口。兼具脆、香、黏、软、甜口感，体现着“讲究制作，追求口味”的匠心精神。耳朵眼炸糕重视技艺传承，从父子相传，到师徒继承，至今已有五代。耳朵眼炸糕是天津最细腻的年代记忆，更是值得细品的地域文化美食。

小贴士：

景点地址：天津红桥区大胡同商业街 32 号（总店）
交通情况：180、806、846、605 路（大胡同商贸中心站）
开放时间：7:00—19:00
周边景点：鼓楼商业街（0.8 千米）| 天津之眼（1 千米）| 意式风情旅游区（1.5 千米）
附近美食：望京小腰、牛锅筋头巴脑、利通饭馆、大福来、津祝发全羊馆旗舰店
预约通道：扫描二维码、关注“耳朵眼食品”微信公众号

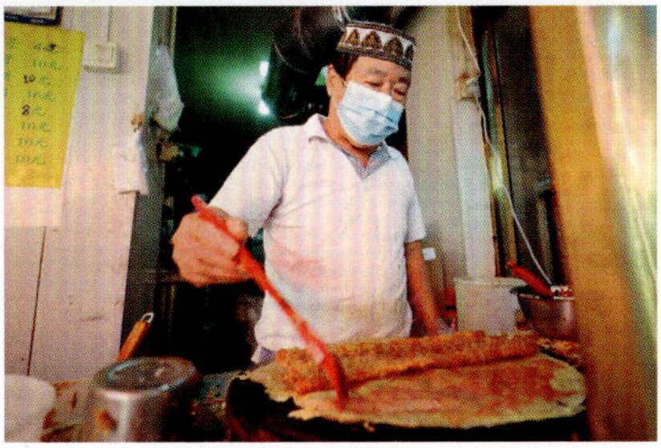

西北角特色街区

西北角特色街区，因位于天津老城厢的西北一隅得名，是天津本地人家喻户晓的“美食宝地”。这里有 4 家津门老字号，4 项市级非物质文化遗产，8 项区级非物质文化遗产。这里有锅巴菜、老豆腐、面茶、卷圈、煎饼馃子、炸糕等 20 余类津味早点，还有糕干、黏食、凉果、烧鸡、牛肉饼、酱牛肉等 30 余类津味小吃；500 余种各色美食，现场制作，干净卫生，原汁原味，以其几代人传承的手艺，老的味道，放心的食材，亲民的价格，吸引着众多食客慕名而来。

小贴士：

景点地址： 天津市红桥区铃铛阁街道西北角地区，北至芥园道、南至西关大街、东至西马路、西至铃铛阁中学

交通情况： 地铁 1 号线西北角站（C 口）；952、800 路

开放时间： 5:00—21:00

最佳早点时间： 05:30—11:00

附近美食： 庆发德饭庄、小李烧鸡、糕干王、熬糖马家糖店

（摄影：红桥区融媒体中心　李明林）

煎饼馃子

天津煎饼馃子中嚼劲十足的饼皮、咸香的抹酱、酥脆的馃子，无一不吸引着众多游客。正是这小小的煎饼馃子，承载着天津的历史文化和人文精神，便宜又美味的食物，在香气中透露着天津人之间浓浓的人情味，也许这就是天津人固守的那一份传统吧！

天津市内无处不在的煎饼馃子，是早点，也是夜宵，顾客可以自带鸡蛋哦！

小站稻

一篙御河桃花汛，十里村爨玉粒香。小站稻米产于天津市津南区小站镇，始种于宋辽时期，清末“盛字营”设驿站于此，名小站。盛字营统带周盛传率部于此围垦，得水田 60000 余亩，种出的米就是小站稻，曾作为宫廷御膳米，为皇室所用。小站稻米粒椭圆微长淡绿、颗粒均匀、如冰似玉、晶莹甜糯、清香爽口、软而不糊、冷后不硬、营养丰富。“小站稻”也是全国第一个粮食作物地域性商标。2020 年被认定为我国农产品地理标志产品，小站“稻作文化”被认定为中国重要农业文化遗产。“天津津南小站稻种植系统”被认定为中国重要农业文化遗产。2022 年成功入选当年全国农业品牌精品培育计划，标志着小站稻跨入国家级农业品牌行列。

小贴士：

景点地址：天津市津南区小站镇
交通情况：209 路东环、209 路西环、221 路（小站镇政府站）；221 路（西花园南门站）
周边景点：泓兰亭（0.7 千米）| 津南小站钻石公园（1 千米）| 小站练兵园（1.3 千米）
附近美食：小站稻香园、谦香阁饭店、羊老赞铜锅涮羊肉、雪楠青县火锅鸡
温馨提示：可到旗舰店购买

杨村糕干

杨村糕干又名茯苓糕干，产于天津市武清区杨村镇。杨村糕干始创于明永乐年间，距今已有六百余年历史。

清康熙皇帝南巡驻跸杨村，品尝杨村糕干后龙颜大悦，亲口嘉谕为贡品；后乾隆皇帝御笔亲题“妇孺恩物”四个大字。1914年，杨村糕干作为中国的特产参加了“巴拿马万国博览会”，获“佳禾”铜质奖章，成为中国最早打入国际市场的小食品。2007年6月，杨村糕干制作工艺被天津市人民政府列入天津市首批非物质文化遗产名录。

武清“萌宠”系列果蔬

作为天津市农业大区，武清区素有“津沽粮仓”“京津鲜菜园”“京津鲜奶源”等美誉。多年来，该区深入实施农业品牌发展战略，成功打造“武清果蔬”农产品区域公用品牌。

“小兔拔拔”水果萝卜品牌主要应用于大良镇田水铺村生产的水果萝卜，包括“七星”水果萝卜、“冰淇淋”水果萝卜等品种，产品获得国家绿色食品认证。

“小鹊登枝”口感番茄以南蔡村镇天民田园为代表，主要产品有“嘎啦果”“幺妹儿”“茗珠”等优质品种，获得国家绿色食品 A 级认证，蝉联京津冀口感番茄擂主奖。

“小猴摘摘”鲜桃以梅厂镇晓森家庭农场为代表，主要涵盖“瑞蟠 21”“霞脆”“美玉”等优质品种，获得国家绿色食品、津农精品等认证，并逐步推出桃酒、桃干、桃罐头等“鲜桃系列食品”。

东马房豆腐丝

武清区的东马房豆腐丝最早起源于清道光年间，迄今已有 150 余年的历史。最早在老城关内开始制作，因常年在城关大集销售，故被人们称为“城关豆腐丝”。

东马房豆腐丝因历史悠久、做工考究、配料独特、色艳而不浓、味香而不失其本、形挺而不硬、薄而富有弹性等特点，在京津市场深受消费者青睐，并在武清远近闻名的各色小吃中牢牢占据了一席之地。

麻酱鸡蛋

麻酱鸡蛋，也叫五香麻酱鸡蛋，有别于市面普通的咸鸡蛋。它是纯手工腌制，低盐的健康食品。经过蒸制，它松软咸香、口感嫩滑、香味突出、蛋青微黄、蛋黄溢油、咸淡适中、营养丰富，是蓟州农家必备的一道农家菜，也深受广大消费者喜爱！麻酱鸡蛋是天津蓟州区的特产， 被评为蓟州十大特色小吃之一。

宏滦酱豆腐

宏滦酱豆腐是产自天津市蓟州区的天津特产。宏滦酱豆腐精选优质黄豆制作豆腐，然后运用传统工艺对豆腐进行二次加工而成，表面呈自然红色，切面为黄白色，具有口感醇厚、风味独特、质地细腻、鲜美适口等特点，因其形、色、香、味超群出众而特别受到推崇。酱豆腐是津门地区对腐乳的别称，是非常具有民族特色的调味品。酱豆腐富含锌和维生素B 族，且蛋白质含量是豆腐的 2 倍，极易消化吸收，所以被称为“东方奶酪”。

渔阳酒

渔阳酒始创于清朝同治年间（1867 年），时称“兴泰德烧锅”，是当时全国十大宫廷御酒之一。以五种精粮（高粱、小麦、大米、玉米、糯米）酿造，采用固态发酵方式、“百年活窖池”进行发酵，经过 100 天发酵期、1000 天老熟期后勾调而成。2011 年，渔阳酒业获得“中华老字号”称号；2013 年，渔阳酒的传统酿造工艺——“兴泰德烧锅白酒酿造工艺”被列入天津市非物质文化遗产名录。

天津板栗

天津板栗是国家地理标志产品，品质优良，肉细味甘，故又称天津甘栗，名噪海内外。除了口感美味，其对人体还有滋补功能，在国际市场上供不应求，一直享有东方“黑珍珠”的美誉。其在蓟州区的栽培历史可追溯到两三千年前，被人们称为果中珍品。

天立独流老醋

天立独流老醋始创于清康熙四年（1665年），距今已有300多年历史，以优质的黄米、高粱、大米、小麦、豌豆为主要原料，历经蒸煮、酒精发酵、醋酸发酵、陈酿、淋醋等14道工序，固态发酵，两次成熟，并经三年天然翻晒而成，故又称“三伏老醋”。据《天津大辞典》记载：“独流老醋曾为宫廷贡品，与山西陈醋、镇江香醋并称为中国三大名醋”。如今，天立公司成为“中华老字号”企业，天立独流老醋是“国家地理标志产品”，“独流老醋酿造技艺”被列入国家级非物质文化遗产保护名录。

纪老七天津五香冬菜

纪老七天津五香冬菜是天津市级非物质文化遗产，距今已有500多年的历史。以色泽金黄、脆嫩鲜香、回味绵长等特点闻名。其原料采用本地青麻叶大白菜，人工大刀切制，然后在苇席上自然风干晾晒，晾好的菜坯再加上本地四六瓣大蒜碾压的蒜泥和炒熟的食盐按比例拌匀、装坛，经过5~8个月时间，自然发酵成色泽金黄、口感咸香、蒜香浓郁、回味绵长的老味道冬菜。纪老七天津五香冬菜以精湛的工艺、上乘的品质，深受消费者青睐。不仅是佐餐佳肴、馈赠亲友的首选礼品，更是天津人记忆里的童年味道。

台头西瓜

台头西瓜皮薄瓤脆、甘甜多汁，口感甜爽，在全国享有盛名。静海区台头镇有多个生态采摘园，4 月至 6 月供游人采摘西瓜、游玩度假，全年都有各类瓜果蔬菜，目前已连续举办十届台头西瓜文化旅游节。台头镇地处大清河两岸，清澈甘甜的河水流淌在广阔肥沃的黑土地之间，为西瓜种植提供了优质条件。随着新品种新技术的推广应用，台头西瓜从露天种植发展为地膜覆盖和大棚种植，引进了冷棚嫁接西瓜技术，改变了只有夏天才能吃到西瓜的历史。

金星食品旗舰店

“金星”小磨香油

“金星”牌小磨香油严选国产优质芝麻，传承“李记”香油古法制作技艺，香油色如琥珀，香味浓郁、油质醇正、营养丰富，是大众餐桌上不可多得的调味佳品，广泛应用于菜品、馅料、汤品等。“金星”品牌荣获“津门老字号”“天津市非物质文化遗产”“津农精品”“天津礼物”等荣誉，倍受全国各地广大消费者欢迎。

七里海香蟹

七里海香蟹产于天津市宁河区，与阳澄湖大闸蟹同宗同源，属于中华绒螯蟹，因其生长于世界三大古海岸湿地之一的七里海湿地水域而得名。七里海湿地是中国濒海典型的古潟湖湿地，水质洁净，富含微量元素。依靠得天独厚的生态环境，七里海香蟹膏满黄肥、肉质鲜甜，蟹肉洁白细嫩、味道鲜美，早在清朝时就是宫廷贡品，因其营养丰富、蛋白质含量高、脂肪含量低，深受百姓喜爱。2002 年被评为天津市名牌农产品，2006 年 12 月，国家质检总局批准对七里海河蟹实施地理标志产品保护。每年中秋节前后，正是七里海香蟹最肥美的季节，到七里海垂钓河蟹，成为京津冀地区游客休闲的新方式。

二、津城全域游

和平区

百年繁华　国际和平

和平区位于海河之滨，处于天津市中心城区核心位置，面积 9.98 平方千米，是全市商贸、金融、旅游、教育、医疗中心，体现天津繁华的窗口。

和平区历史文化底蕴深厚、旅游资源丰富，曾获“全国最佳文化旅游目的地奖”“全域旅游最佳目的地奖”。和平区现有各类文博展馆 22 家，既有反映近代天津各项事业的天津邮政博物馆等，也有展现近代天津历史文化的利顺德博物馆、五大道历史博物馆等，还有作为爱国主义教育基地、宣传党史的中共天津历史纪念馆、中共中央北方局旧址纪念馆等，2020 年获评国家全域旅游示范区。

五大道文化旅游区作为天津的“会客厅”，获评中国历史文化名街，天津最佳网红打卡景区；“五大道近代建筑群”被国务院命名为全国重点文物保护单位；五大道小洋楼游入选全国 100 条旅游精品线路，形成了凸显时代印记、风貌遗存、和平特色的旅游产品体系。

五大道文化旅游区　　**景区等级：AAAA**

五大道文化旅游区是指由和平区内的马场道、西康路、贵州路、成都道、南京路合围成的长方形区域，纵横 23 条道路，核心区域 1.28 平方千米。五大道文化旅游区内有各式建筑 2000 多所，被天津市政府列为不同等级历史风貌建筑的小洋楼 418 所，39 所被列为国家级文物保护单位，堪称“万国建筑博览会”。这里也是中国近现代百年历史风云变幻的见证，是一处宝贵的历史文化遗存，十分珍贵且不可复制。五大道文化旅游区先后荣获“中国历史文化名街”“中国 20 世纪建筑遗产”等国家级荣誉称号。

民园广场

民园广场位于五大道文化旅游区的中心区域。前身为始建于 1920 年的民园体育场，20 世纪 20 年代，由英国奥运冠军李爱锐参与设计并主持提升改建，是当年远东地区首屈一指的综合性体育场，也是中国第一个灯光足球场，在这里曾经举办过远东运动会，万国运动会、华北运动会等国内外大型比赛，1949 年后一直是天津足球队的主场比赛场所，因此成为天津市民心目中的记忆坐标。

2012 年，民园体育场保护利用提升改造工程启动，历时 18 个月的时间，一座美轮美奂的英式古典风格地标建筑——民园广场呈现在广大市民面前。如今，以民园广场为核心，连同周边的庆王府、先农大院、民园西里文化创意街区，以高雅时尚的欧陆风情、独具匠心的特色服务，共同组成五大道文化旅游区的核心景区和集散中心，成为“美丽天津，品质和平”的一道亮丽风景线。

小贴士：

景点地址： 天津市和平区重庆道 83 号
交通情况： 地铁 1 号线（小白楼站）；津游 1 路（民园广场站）
开放时间： 全天
门票价格： 免费
建议游玩时间： 1~3 小时
周边景点： 庆王府 （0.7 千米）| 人民公园 （1.6 千米）| 天津邮政博物馆 （2.2 千米）
附近美食： 樘院（大理道 5 号）、PIZZA BIANCA（民园广场店）
咨询电话： 022-23307222

和平区非物质文化遗产展览馆

和平区非物质文化遗产展览馆囊括了全区 65 项非遗项目。其中，国家级有 3 项，即狗不理包子、中国古彩戏法、老美华手工制鞋技艺；省（市）级包括果仁张、崩豆张、天津烤鸭、白记水饺及桂顺斋等。观众在浏览传统文化的过程中，可感受到祖辈们的非凡创造力和智慧。

展览馆面积 1205.66 平方米，在全国“区级非遗馆”中居于前列，而在展馆内设立“非遗图书馆”更为全国首创。来和平区非物质文化遗产展览馆，可以感受记忆中的老天津的美好时光。

小贴士：

微信公众号二维码

景点地址： 天津市和平区重庆道 83 号民园体育场二层
交通情况： 地铁 1 号线、3 号线（营口道站）
开放时间： 周二至周日 9:30—16:30
门票价格： 免费
周边景点： 民园西里文化艺术街区（0.4 千米）| 瓷房子（1.4 千米）
附近美食： 那家 • 油麻菜馆、圆满素食林饭店（津门第一素）
咨询电话： 022-83122825

五大道历史博物馆

五大道历史博物馆创建于 2009 年，是在五大道地区第一个能够走进去，触摸百年历史的展馆。博物馆展出了大量的珍贵藏品，真实浓缩再现了五大道的历史建筑和人文环境，让游客可以更直观地了解五大道地区独特的历史文化。橱窗里的展品背后都有着一个个生动的故事和一段段岁月的记忆。五大道历史博物馆浓缩的是天津百年的历史，让我们得以窥探过去的旧时光，感叹时代的变迁。

小贴士：

景点地址： 天津市和平区民园广场游客服务中心二楼
交通情况： 619、906、954 路（重庆道站）
开放时间： 9:00—17:00
门票价格： 成人票 30 元，学生 / 老年票 20 元
最佳拍摄风格： 民国复古风
周边景点： 拜石博物馆 | 和平区非物质遗产展览馆 | 天津市体育博物馆 | 庆王府
附近美食： 桂园餐厅、东林餐厅、Maxim's 马克西姆 • 天津、布拉格餐厅

拜石博物馆

拜石博物馆是收藏研究、陈列展示奇石及鉴赏奇石艺术的博物馆。该馆将奇石与书法、绘画、泥塑、篆刻、摄影、石雕等艺术紧紧融合，更好地展现奇石的奇特、奇绝和奇美。拜石博物馆对奇石文化形态的创新，起到了对中国观赏石文化发展的引领作用，弘扬了中华优秀传统文化，成为中国观赏石文化的“风向标”。

小贴士：

景点地址： 天津市和平区河北路与大理道交口民园广场二楼
交通情况： 地铁 1、3 号线（小白楼站）；619、871、906、954 路（重庆道站）
开放时间： 9:00—16:00（周一闭馆）
门票价格： 免费
周边景点： 五大道历史博物馆（0.1 千米）丨和平区非物质文化遗产展览馆（0.2 千米）
附近美食： 桂园餐厅、杨姐煎饼馃子、东林餐厅
咨询电话： 022-23307222

天津市体育博物馆

天津市体育博物馆是一家以体育为主题的行业博物馆，设有“天津与奥运”专题展、海河回响——女排精神展、“非凡十年 • 天津体育”专题展、公益体彩路 津彩新征程——天津体彩公益文化展等内容翔实、特色鲜明的展览，展示了上千件珍贵的火炬、奖牌、奖杯等体育藏品，全面介绍了天津体育的历史发展过程，是中国近代体育历史和奥林匹克发展史的缩影。

小贴士：

景点地址： 天津市和平区民园广场大理道一侧
交通情况： 地铁 1 号线（小白楼站）； 619、871、906、954 路（重庆道站）
开放时间： 上午：9:00—11:30，下午：13:00—16:30（周一闭馆）
门票价格： 免费
最佳拍摄风格： 轻松、青春运动风
周边景点： 拜石博物馆（0.1 千米）| 疙瘩楼（0.2 千米）| 北疆博物院（0.4 千米）
附近美食： 布拉格餐厅、Maxim's 马克西姆 • 天津
咨询电话： 022-23393937

民园西里

民园西里始建于 1939 年，由近代著名建筑设计师沈理源设计、济安公司建造。整体由两栋联排英国里弄式小楼构成，2 层砖木结构，局部 3 层，共有 17 个门栋，各门栋自成院落又连为一体，原为面向社会中层及部分高层职员、知识分子租赁使用。

2009 年 5 月，民园西里作为五大道上的文化创意街区正式对游人开放。独立书店、精品咖啡、茶艺香氛、高端料理尽数呈现。人们在这里领略历史建筑与现代文化的碰撞，享受美好的漫步时光。

小贴士：

景点地址： 天津市和平区常德道 29-39 号
交通情况： 津游 1 路（民园广场站）；地铁 1 号线（小白楼站）
开放时间： 全天（建议进行全天体验，白天和夜晚的民园西里有不同的氛围）
门票价格： 免费
周边景点： 庆王府（0.5 千米）| 北疆博物院（0.6 千米）| 人民公园（1.5 千米）
附近美食： SEAR 牛排馆、俏披萨、锦宴、19 号私房菜
相关信息： 关注“民园西里”官方微信公众号

天津沉香艺术博物馆

天津沉香艺术博物馆，是以沉香文化为主题的艺术博物馆。馆内常年举办沉香、沉香艺术品以及中国历代香具展览。为了让优秀的传统文化能够被现代人所接受，博物馆同时开发了茶、香、酒、器等多系列文化创意衍生品，将中国传统文化中的优秀元素涵盖其中，力图将精粹的传统文化与当代社会生活紧密结合，使传统文化焕发新的活力。

天津沉香艺术博物馆邀善谈友邻，击鼓传梅，品酌杜康，赏玩古器。趁南窗日暖，品一炉沉香，度过醺然沉醉的美好时光。

小贴士：

景点地址：天津市和平区常德道 37 号（近衡阳路）
交通情况：观光 5 路，616、871、906、954 路（民园广场站）
开放时间：周二至周日 10:00—17:00
门票价格：免费
周边景点：抗震纪念碑 （1.1 千米）| 瓷房子（1.5 千米）| 静园（1.7 千米）
附近美食：高原私房牛肉面、云水姑娘云南餐厅、三米海鲜粥铺、滕云阁（常德道店）
咨询电话：022-23301887
预约通道：关注“天津沉香博物馆”官方公众号

先农大院

先农大院位于天津市和平区五大道文化旅游区，始建于 1925 年，由先农公司工程师雷德设计，原为先农公司职员居住。整个大院为里弄式，外为沿街连排式。经精心整修，成为集餐饮娱乐、时尚购物、文博展览于一体的体验式综合街区。

先农大院现有商户星巴克、遇见芸台私房菜、筑艺咖啡、Teng19 等高端料理品牌，定期开展各类文化艺术活动，打造五大道文化旅游区公共艺术广场，让人们可以沉浸式体验洋楼生活。

小贴士：

景点地址：天津市和平区河北路 288 号
交通情况：地铁 1 号线、3 号线（营口道站）
开放时间：全天
门票价格：免费
周边景点：抗震纪念碑 （0.2 千米）| 庆王府（0.3 千米） | 世纪钟（2.1 千米）
附近美食：那家油麻菜、凤厨顺德菜、不周山 • 食、千金万物、粤园、麦落精酿
咨询电话：022-58352803
预约通道：关注“先农大院”官方公众号

庆王府　景区等级：AA

庆王府坐落于和平区重庆道 55 号，始建于 1922 年，原为清室第四代庆亲王载振的府邸，因而得名“庆王府”。该楼为中西合璧式建筑风格，砖木结构，地上 3 层、地下 1 层，墙体用中式青砖砌筑，外檐为水刷石，环绕四周的宽阔回廊和高耸的立柱，缀以蓝、绿、黄三色中国传统琉璃栏杆。在原英租界被列为华人楼房之冠，现为全国重点文物保护单位，是天津市特殊保护等级的历史风貌建筑。

小贴士：

景点地址： 天津市和平区重庆道 55 号
交通情况： 地铁 1 号线（小白楼站）；619、871、906、954 路（重庆道站）
开放时间： 9:00—17:30（17:00 停止售票）
门票价格： 24 元
周边景点： 先农大院（0.4 千米）| 民园西里 (0.7 千米) | 五大道文化旅游区 (0.75 千米)
附近美食： 喜筵 28、黛 • 朵苑
预约通道： 关注“天津庆王府”官方公众号

棉里创享

棉里创享成立于 2015 年 7 月，是一家以精品咖啡为核心，融合艺术、健康、酒吧、文创、甜品、亲子、户外活动元素的综合创意产业平台。棉里创享下设棉里咖啡、棉里酒吧、回声艺术空间、光明商店、觅棠蛋糕、叁水獸、棉 • 美术馆、炬匠咖啡烘焙工厂八大子品牌，个个有特色，艺术气息十足。当你步入棉里咖啡，网红光明女神像首先会映入你的眼帘。点一杯招牌拿铁——棉里小白熊，即刻开启你的棉里艺术之旅吧！

小贴士：

景点地址：天津市和平区河北路光明里大楼 1 号
交通情况：地铁 1 号线、3 号线（营口道站）
开放时间：10:00—次日 2:30
门票价格：免费
建议游玩时长：2~3 个小时
周边景点：抗震纪念碑（328 米）| 庆王府（217 米）| 民园广场（246 米）
附近美食：先农大院美食街区、东林餐厅五大道店、桂园餐厅、狗不理
咨询电话：13072026483
预约通道：微信搜索“棉里村落”小程序

睦南公园

在天津著名的五大道欧式历史风貌建筑群地区，隐藏着一个很小众的赏花圣地——睦南公园。睦南公园是原英租界的花圃，一直以来都是花团锦簇、翠绿芬芳之地，被称为“五大道的后花园”。

2009 年，睦南公园进行了提升改造，目前园内种植月季品种约 150 个，成为一座以天津市花“月季”为主题的经典欧式月季主题公园。不同花色、不同花形的月季竞相开放，将睦南公园渲染成一片多姿多彩的缤纷世界。

小贴士：

景点地址：天津市和平区睦南道 110 号
交通情况：685、871 路（湛江路站）
开放时间：全天
门票价格：免费
周边景点：北疆博物院 (1 千米) | 庆王府 (1 千米) | 中心公园 (2 千米)
附近美食：泰钰丰无糖烤鸭、117 花园别墅
温馨提示：注意赏花的季节；保护大自然，爱护花草树木；不能踩踏草坪

金街景区　景区等级：AAAA

天津金街是由和平路、滨江道两条主步行街以及赤峰道、哈尔滨道、河北路等多条后街组成的街区，面积近 1 平方千米，是“全国示范步行街”。其中，主步行街全长 2520 米，是目前国内最长的商业步行街。

街区集中了 20 余家大型商业以及 700 余家沿街中小型商业，百货、餐饮、休闲、娱乐、游览等各类业态丰富、齐全。其中，恒隆广场、天河城购物中心、世纪都会商厦、和平大悦城等大型商业综合体，积极引进文创书城、主题乐园、特色餐饮等业态，满足家庭一站式消费需求；乐宾百货、友谊新天地等百货商场不断引入国内外知名商业品牌；老美华、天宝楼、正兴德等老字号品牌，有着浓厚的传统文化和现代商业活力；赤峰道等后街文商旅资源的开发，不断吸引年轻消费群体前来打卡体验。

大铜钱

位于和平路与滨江道交口处，建造于 2000 年，俗称“金街大铜钱”。它蕴含了“财源广进，商业发达，转（赚）钱与聚宝”的主题，利用流动的水纹和圆形的字体组合出一对太极图阴阳鱼。太极图旋转动势的图案，寓意资金流动，这也契合了对和平路商业繁荣、买卖兴隆的美好祝愿。

铜钱周围用红、黑、白、青四色八块彩石环绕，代表周易八卦里面的八个方位，寓意聚宝八方，财源广进。凡是来到这里的游客都会刻意去踩踩铜钱，沾沾喜气，满载美好的祝福。

小贴士：

景点地址：天津市和平区和平路和滨江道交口处
交通情况：地铁 3 号线、4 号线（和平路站）；1、190、35、901 路（渤海大楼站）
开放时间：全年
门票价格：免费
周边景点：中国大戏院（0.5 千米）| 瓷房子（0.6 千米）
附近美食：天津烤鸭店、狗不理总店、宴宾楼

张学良故居（少帅府） **景区等级：AAA**

院中有两栋砖木结构洋楼。前楼为三层带地下室；后楼为二层。两栋洋楼共有房间 42 间，前楼二和三层建有大型露台。建筑内部装潢用料考究，室内楼梯、地板、门窗均采用菲律宾木料，家具摆设中西合璧，极尽奢华。

整修后的张学良故居全景重现了当年的会客厅、书房、卧室等各个房间，有文物 300 余件，客厅内的大吊灯、唱机、赵四小姐浪漫的卧房等多个高贵静美的细节都在彰显着主人的身份。院子里有张学良和赵四小姐的铜组像，张学良立像英姿威武，赵四小姐坐像眉自含情，栩栩如生。

后楼为“津沽旧事剧游街区”，微缩还原百年天津城风貌，全景展示 20 世纪初期天津历史人文变迁，依托实景还原的特色，景区内开发沉浸式实景剧场，以寓教于乐的形式、以融合城市文脉的态度，讲述天津故事。

小贴士：

景点地址： 天津市和平区赤峰道 78 号
交通情况： 地铁 1 号线（营口道站）；1、9、35 路（山东路站）
开放时间： 9:00—18:00（17:30 停止入场）
门票价格： 80 元
周边景点： 天津邮政博物馆（0.9 千米）| 天津金融博物馆（1 千米）
附近美食： 四小姐的咖啡店、津面王、胡同小馆、深夜小巷、山海咖啡、茂源餐厅津菜馆
咨询电话： 022-87896106
预约通道： 扫描二维码关注“张学良故居”公众号

天津天河城购物中心

天津天河城购物中心位于和平路步行街东端，是集零售、百货、餐饮、娱乐于一体的单体大型现代化购物中心，为各年龄层人群提供一站式休闲娱乐方案，充分满足多样化的休闲消费需求，给人带来舒爽购物和娱乐体验。

其中，ZOONLY 动物主题王国作为天津首家开在购物中心内的动物主题概念乐园，拥有 3000 平方米超大场地，全馆雨林生态造景，在观赏游玩的同时寓教于乐。广州购书中心兼顾家庭和个性阅读需求，充分体现城市文化生活的包容性和时尚感。夜幕下的天河城在五彩斑斓的灯光中变成画卷，等待你的到来。

小贴士：

景点地址： 天津市和平区和平路 263 号
交通情况： 地铁 3 号线（和平路站）
开放时间： 10:00—22:00
门票价格： 免费
周边景点： 瓷房子（0.2 千米）| 中共中央北方局旧址纪念馆（0.3 千米）
附近美食： 大吉利潮汕牛肉火锅、绿茶餐厅、西贝莜面村
咨询电话： 022-58308888

渤海大楼

渤海大楼建于 1933 年，由法商永和营造公司设计，由爱新觉罗 • 载振与天津买办高星桥合股兴建，以高星桥之子高渤海之名命名，总高达到 47.47 米，1936 年竣工时为天津市最高大、最新式的现代风格高层建筑，也是当时华北最高楼。

今天的渤海大楼，底商租给众多商户，大楼主体租给了“睿柏 • 云酒店”，这座老建筑褪去了20世纪的光环和荣耀，融入车水马龙的街道，但即使越来越多的摩天大楼拔地而起，它昔日的荣耀仍会被铭记。

小贴士：

景点地址： 天津市和平区和平路 275 号至 281 号
交通情况： 地铁 3 号线（和平路站）；808、845 路（渤海大楼站）
开放情况： 内部不开放，现在是连锁酒店，游客可在外面参观
周边景点： 天津邮政博物馆（0.7 千米）| 世纪钟（1.2 千米）
附近美食： 玉玲珑、南京大牌档、萨莉亚

国民饭店

这座建于 1923 年的饭店为法式风格，大楼坐北朝南、造型端庄、美观坚固，拥有宽阔的庭院，是天津老牌饭店中唯一可以进出汽车的庭院式饭店。

如今的国民饭店大部分是作为快捷酒店（汉庭酒店）和海鲜餐厅（必点海鲜）在营业。门口稍显斑驳的镏金大字彰显着它曾是天津民国时期赫赫有名的“五星饭店”的辉煌，来到这里，您既能品尝美食，也能领略历史与现代的碰撞交融。

小贴士：

景点地址： 天津市和平区赤峰道 58 号（渤海大楼对面）
交通情况： 地铁 3 号线（和平路站）；津游 1 线（国民饭店站）
开放情况： 内部不开放，现在是连锁酒店，游客可在外面参观
周边景点： 张学良故居（0.2 千米）| 瓷房子（0.2 千米）| 张园（1 千米）
附近美食： 必点海鲜鲅鱼水饺、天津柒号馆、梨花自助烤肉、太二酸菜鱼、胖哥俩肉蟹煲

西开教堂

西开教堂全称天津市天主教西开教堂，又称老西开若瑟堂、法国教堂，始建于 1917 年，是天津市内规模最大的天主教堂。地处滨江道商业街的最南端，也是南京路高档商贸区内的标志性建筑。教堂建筑平面呈“十”字形，顶部是呈“品”字形排列的三座塔楼，具有典型的拜占庭建筑影响下的罗马式建筑风格特色，至今在国内都属罕见。

小贴士：

景点地址： 天津市和平区西宁道 9 号
交通情况： 地铁 1 号线、3 号线（营口道站）；3、45、50、观光 2 路（滨江道（西）站）
开放时间： 周一到周六 6:00—16:00；周日 6:00—20:00
门票价格： 免费
周边景点： 滨江道步行街（1.8 千米）| 五大道文化旅游区（0.7 千米）| 静园（0.8 千米）
附近美食： 滨江道美食街、冠生园、陈傻子餐厅、食巷 • 小吃街

星巴克臻选天津恒隆广场旗舰店（原浙江兴业银行旧址）

星巴克臻选天津恒隆广场旗舰店前身是原浙江兴业银行旧址，由中国近代著名建筑设计师沈理源先生设计，建成于 1921 年，是近代天津最具代表性的金融建筑之一，于 1997 年被列为天津市文物保护单位。

小贴士：

景点地址： 天津市和平区和平路 237 号增 1 号
交通情况： 地铁 3 号线（和平路站）
开放时间： 8:00—22:00
门票价格： 免费
建议游玩时间： 1~3 小时
周边景点： 中国大戏院（0.2 千米）| 瓷房子（0.4 千米）| 张学良故居（0.5 千米）
附近美食： 谭鸭血老火锅、梨花自助烤肉、乾园
咨询电话： 022-23455775

解放北路风情区

解放北路金融街临近海河，西北起解放桥，东南至徐州道接解放南路。在中国近代历史上，这里曾是外国银行集中地，有“东方华尔街”之称，现仍为天津金融机构的集聚地之一。如果说五大道和意风区的建筑是小洋楼的话，那么解放北路金融街的建筑就是大洋楼。解放北路见证了近代中国金融业的发展变迁，可以说是一部近代中国金融史话。历经百年风雨，这条 2300 米的金融街及其附近保留下来的金融建筑大多仍保持原有风貌，记录着百年金融街的辉煌历史，也见证了金融街的沿革与变迁。

小贴士：

景点地址：天津市和平区解放北路
交通情况：13、953 路（台儿庄路站）
开放时间：全天
门票价格：免费
建议游玩时间：1~3 小时
周边景点：海河公园（0.1 千米）| 中心公园（0.7 千米）| 西开教堂（1.8 千米）
附近美食：青年餐厅 • 烤鸭、天泰轩、 唐潮壹品、 乾园
温馨提示：除银行和博物馆外的建筑不对游人开放，可外部参观和摄影

利顺德大饭店 景区等级：AAA

利顺德大饭店始建于 1863 年，是中国最早的涉外酒店。自建成以来一直与中国近代史同步演进交集，许多具有重大影响的风云人物如孙中山、黄兴、蔡锷、张学良、李鸿章、溥仪、十世班禅、梅兰芳等都曾在利顺德大饭店留下过足迹和故事。

设于负一层的利顺德博物馆占地 700 平方米，馆藏展品近 3000 件，生动再现了利顺德一个半世纪的发展历程，浓缩了中国近代史的跌宕起伏，营造出可深度体验历史文化的独特文博景观。

浏览小贴士：

景点地址：天津市和平区台儿庄路 33 号
交通情况：13、953 路（台儿庄路站）
开放时间：全天
门票价格：50 元（博物馆）
周边景点：天津邮政博物馆（0.3 千米）| 五大道文化旅游区（1.7 千米）| 西开教堂（1.8 千米）
附近美食：起士林西餐厅、唐潮壹品、耳朵眼会馆、津菜典藏
温馨提示：博物馆内出租旗袍供游客拍写真，有兴趣的游客可尝试体验
咨询电话：022-58526888
预约通道：扫描二维码，关注公众号

天津邮政博物馆　**景区等级：AAA**

天津邮政博物馆在大清邮政津局旧址上辟建而成，是我国现存唯一的清代建造的邮政局房。2010 年 10 月 9 日，天津邮政博物馆正式落成、开放。

天津邮政博物馆展览面积为 1500 平方米，展厅通过文字、实物、照片、塑像等展陈方式，介绍了天津邮政百余年的历史变迁，展示了邮政行业独特的文化魅力。在这里您可以看到秦汉时期的“车辙石”、大龙邮票、大龙实寄封、近代邮政创办初期的“总理衙门”实寄封、德璀琳家书实寄封、中华邮政时期的“运邮马车”等珍贵文物，以及大量邮票和集邮品。浏览结束后，您还可以体验颇具特色的纪念邮戳。

小贴士：

景点地址： 天津市和平区解放北路 109 号
交通情况： 地铁 3 号线 (津湾广场站)，地铁 4 号线（和平路站）；50、96、902 路
开放时间： 9:00—16:00（周一闭馆）
门票价格： 免费
建议游玩时间： 1 小时
周边景点： 西洋美术馆 (0.5 千米)| 利顺德大饭店 (0.8 千米)
附近美食： 青年餐厅 • 烤鸭、南京大牌档、天津柒号馆
咨询电话： 022-23310386
预约通道： 不需要网上预约，携带身份证登记参观

西洋美术馆

东方汇理银行总部设于法国巴黎，天津分行建于 1912 年，是一座集多种建筑风格于一体的突显西方折中主义思潮的代表性建筑。如今此处已化身为西洋美术馆，洗尽铅华，静守一方。

天津西洋美术馆总面积 1600 平方米，内部装饰保留了 20 世纪初法国华贵、典雅、恢宏、浪漫的特色，充满了异国情调。水晶吊灯，红木楼梯，人们走在地板上会有声响，这种古朴是时间的沉淀，这种声响是历史的韵律。

小贴士：

景点地址： 天津市和平区解放北路 77 号
交通情况： 地铁 3 号线（津湾广场站）；808、97 路（和平路地铁站）
开放时间： 以官方微信发布的展览信息为准
门票价格： 免费
建议游玩时间： 1~2 个小时
周边景点： 天津邮政博物馆（0.2 千米）| 天津金融博物馆（0.2 千米）| 世纪钟（0.6 千米）
附近美食： 津门永胜包子铺、鲸岚 • 烧肉夜食、西贝莜面村、晚酌
咨询电话： 022-23303255
官方微博： 天津西洋美术馆
官方微信： 西美艺林

安里甘艺术中心

安里甘艺术中心迄今已 120 周年，为典型的哥特式建筑，由英国著名汉学家兼建筑师亚瑟 · 克里斯托弗 · 莫尔教授设计。该建筑小巧而优雅，并具有出色的声学特性。于 2022 年 11 月正式面向公众开放。开放后的安里甘艺术中心以高雅艺术为内容，通过艺术活动、文化遗产让市民和游客能够近距离、轻松地感受到声乐艺术和历史建筑所包含的独特魅力，为天津市的文化生活增添一隅新的驻地。

小贴士：

添加 安里甘艺术中心 客服微信
及时获取 最新活动信息

景点地址： 天津市和平区浙江路 2 号
交通情况： 地铁 1 号线 (小白楼站)；868、642 路（科学会堂公交站）
开放时间： 周一至周四 10:30—18:40；周五至周日 10:30—21:00
咨询电话： 17602278084（实光晓堂咖啡厅），17622395646（客服小安）
门票价格： 预约优先制，若无预约按位消费即可进入

中国银行（天津）博物馆

中国银行是中国唯一一家建制整体承续，连续经营超过 110 年的银行。中国银行天津市分行成立于 1912 年 10 月 11 日，是中国银行系统内最早设立的三家分行之一。天津中行历经一个多世纪的曲折与辉煌，是近现代天津波澜壮阔发展历程的见证者、参与者和推动者。中国银行（天津）博物馆位于和平区解放北路 80 号原横滨正金银行大楼，展陈面积约 2700 平方米，展览以金融服务中华民族伟大复兴为主线，设置百年风貌、百年见证、百年同行、百年大义、百年新生、百年奋进、百年启航七大主题，透过一件件尘封百年的历史文物，讲述一段段中国银行与天津同发展、共成长的历史故事，深度展现中国金融力量在助力民族复兴与崛起中的磅礴伟力与卓越贡献。

小贴士：

景点地址： 天津市和平区解放北路 80 号。
交通情况： 地铁 3 号线（和平路站、津湾广场站）；
1、13、20、28 等路公交车（和平路地铁站）
开放时间： 上午 9:30—11:30，下午 14:30—16:30（周一闭馆，法定节假日暂不开馆）
门票价格： 免费
周边景点： 天津邮政博物馆（71 米）| 利顺德大饭店（812 米）| 中心公园（659 米）
附近美食： 天河城、恒隆广场、嘉里汇等商区餐饮
咨询电话： 022-27102948
预约渠道： 关注“中国银行天津市分行”公众号（文化之基 - 博物馆）

原汇丰银行

1865 年，英商汇丰银行于中国香港成立，1881 年，汇丰银行率先在天津筹建分行，成为天津最早、最大的外资银行。当时的汇丰银行可以说操控着天津甚至整个华北的金融，并拥有在中国发行纸币的特权，盛极一时，天津的每日外汇牌价均以汇丰银行为准。

银行大楼是一座三层钢混结构希腊古典风格建筑。外檐正立面为花岗岩饰面，石砌基座，高台阶。入口两侧置爱奥尼克石柱，上做三角形山花。两侧设有花式铜门，以两根圆柱支撑冰盘门楣。内有 44 只雄狮头面环绕天顶，屋顶中央镶嵌欧式典型几何图案的彩色玻璃，大气磅礴。该建筑现为中国银行天津和平支行使用。

小贴士：

景点地址：天津市和平区解放北路 82 号
交通情况：地铁 3 号线 (津湾广场站)、地铁 4 号线（和平路站）
开放时间：一层内部 周一至周六 9：00—17：00 ；外部 全天开放
门票价格：免费
建议游玩时间：0.5~1 小时
周边景点：海河公园（0.6 千米）| 中心公园 (1.15 千米)| 津湾广场（1.85 千米）
附近美食：青年餐厅、陈傻子餐厅、天津柒号馆

原美国花旗银行大楼

美国花旗银行是花旗集团旗下的一家银行，1902 年在上海成立了花旗银行在华的第一家分行。天津分行于 1916 开业，行址初设于英租界中街道济洋行。1918 年动工兴建新址，1921 年建成。整体为西洋古典风格，门前由 4 根爱奥尼克式立柱撑托，构成开放式柱廊，廊前铺砌欧式石阶。营业大厅立有 7 根方柱，内墙面有壁柱，顶部花雕精细。该建筑现为中国农业银行分行营业部。

小贴士：

景点地址：天津市和平区解放北路 90-92 号
交通情况：地铁 3 号线（津湾广场站）
开放时间：周一至周日 8:00—18:00
门票价格：免费
建议游玩时间：1~2 小时
周边景点：海河公园（0.6 千米）| 中心公园 (1.15 千米)| 津湾广场（1.85 千米）
附近美食：青年餐厅、天津栄号馆

数字艺术博物馆

天津数字艺术博物馆为原法国公议局旧址，是天津洋楼建筑群中一座稳重壮观的新古典主义三段式建筑，现为全国重点文物保护单位和天津市历史风貌建筑。自 2023 年 5 月 18 日对外开放以来，先后举办“梵高的世界”全景数字艺术互动大展、“发现敦煌——敦煌艺术情景式特展”等，备受游客关注和喜爱。

小贴士：

景点地址： 天津市和平区承德道 12 号
交通情况： 地铁 3 号线（津湾广场站），地铁 4 号线（和平路站）
开放时间： 10:00—18:00（周一闭馆）
门票价格： 88 元（以实际活动价格为准）
周边景点： 西洋美术馆 | 中国银行（天津）博物馆 | 天津邮政博物馆
附近美食： 督柏林西餐吧、津门永胜包子铺、新华饭店
咨询电话： 022-23310518
预约通道： 各大平台搜索“天津数字艺术博物馆”即可购票

小白楼景区

小白楼 1902 欧式风情街　景区等级：AAA

小白楼 1902 欧式风情街位于小白楼中心，被誉为和平区“黄金走廊”“天津金谷”。设计装饰采用统一的简欧风格，业态组合以西餐厅、酒吧为主，售卖商品包括进口红酒、咖啡、巧克力、冰淇淋等六大类。

自 20 世纪 20 年代初至 40 年代末，小白楼地区便有“俄国城”之称，天津的俄国侨民集中居住在这里并开设了大大小小的俄式商店。早先，有一家 2 层的酒吧是这里最醒目的建筑，这座建筑通体白色，因此天津人便称呼这里为“小白楼”。如今，当年的“小白楼”早已不见踪影，但小白楼却依旧作为天津的地标，延续着属于天津的独特繁华。

小贴士：

景点地址：天津市和平区开封道
交通情况：地铁 1 号线（小白楼站）；13、642、826 路（小白楼站）
开放时间：全天
门票价格：免费
周边景点：五大道文化旅游区（1.4 千米）| 瓷房子（1.6 千米）| 津湾广场（1.8 千米）
附近美食：南京大牌档、薛氏菜馆、嘉和一品、晋乡居

天津音乐厅

天津音乐厅始建于 1922 年，原名为平安电影院，1956 年更名为“天津音乐厅”，2009 年 8 月 28 日改造后的新天津音乐厅落成，众多国际、国内知名艺术团体和著名艺术家前来演出，音乐厅也成为天津的“金色大厅”，是天津顶级的艺术殿堂。

小贴士：

景点地址： 天津市和平区浙江路 32 号
交通情况： 地铁 1 号线（小白楼站）；629 路、652 路北线、808 路（小营门站）
开放时间： 演出时间
门票价格： 音乐会价格
周边景点： 利顺德大饭店（0.5 千米）| 五大道文化旅游区（0.8 千米）| 民园广场（1 千米）
附近美食： 起士林大饭店、南京大牌档、北李妈妈菜、青年公社、南洋餐室、上海年代
咨询电话： 022-23320068
预约通道： 关注“天津音乐厅”微信公众号获取更多信息

起士林

天津起士林大饭店始建于 1901 年，由德籍厨师阿尔伯特 • 起士林创办，天津买办高星桥和德国人汉纳根共同资助。现址原为维克多利俄式西餐厅，由俄国人开办经营。天津解放后，天津市政府将起士林、来宝饭店、维克多利、义顺成等德、俄、英、法、意五国风味的店铺合并，并正式迁至今天的起士林大楼，统一起名叫“起士林”。其代表菜品有“奶油烤杂拌”“罐焖牛肉”“奶汁烤鱼”等。

“未到过起士林，不足以称老天津”，起士林是天津最早的西餐馆之一，也是老一辈天津人津津乐道的传奇篇章！

小贴士：

景点地址：天津市和平区浙江路 33 号
交通情况：地铁 1 号线（小白楼站）； 642、643、673（小白楼站）
开放时间：10:00—21:00
门票价格：免费（内部自行消费另算）
周边景点：庆王府（0.7 千米）| 北疆博物院（1 千米）| 民园广场（1 千米）
附近美食：观宴海鲜美学自助餐厅、云杉 • 木槿餐厅、南京大牌档
咨询电话：022-23319188
预约通道：扫码关注公众号

津湾广场

津湾广场占地 12.5 万平方米，由多座欧式风格的地上商业建筑及地下商业街构成，设有开放式广场及沿海河南岸亲水平台，汇集剧场、影院、餐饮、娱乐等多种业态，是天津市区最繁华的地带之一。津湾广场最大的亮点是它的人文底蕴，天津近代建筑风格的多元构成，突出地反映了中西文化交融的时代特征，映现了天津近代城市的功能、文化、风尚以及价值。

津湾广场夜景迷人，与天津站、世纪钟、解放桥、津塔等周边景点相映成趣。来津湾广场参观和拍摄夜景，感受津门夜晚的浪漫，你还在等什么？

小贴士：

景点地址： 天津市和平区解放北路 48 号（滨江道口）
交通情况： 地铁 3 号线、观光 5 路（津湾广场站）；13、953 路（台儿庄路津湾广场站）
开放时间： 全天
门票价格： 免费
周边景点： 天津邮政博物馆（0.5 千米）| 世纪钟（0.5 千米）| 津塔（0.6 千米）
附近美食： 青年餐厅、味之
温馨提示： 广场有不定期舞台演出，可在特定日期参观
咨询电话： 022-23219988

其他

中共中央北方局旧址纪念馆

中共中央北方局旧址纪念馆地处原日、法租界交界处，为 2 层砖木结构住宅小楼，该房建于 1915 年，一楼是“惠兴德成衣铺”，二楼部分是中共中央北方局 1936 年 3 月至 1937 年 2 月在天津的办公地，也是刘少奇同志任北方局书记期间居住过的地方。纪念馆通过丰富的史料，再现了中共中央北方局从 1924 年 12 月宣布成立到 1945 年抗战胜利这段时间里，领导北方人民开展艰苦卓绝革命斗争的光辉历程。

如今的中共中央北方局旧址纪念馆是革命传统教育和爱国主义教育的重要基地，带领我们重温那段光辉历史，让红色记忆永不褪色。

小贴士：

景点地址：天津市和平区黑龙江路隆泰里 19 号

交通情况：地铁 3 号线（和平路站）；1 路、13 路（口腔医院站）

开放时间：周二至周日 10:00—16:00

门票价格：免费

周边景点：曹禺故居纪念馆（0.8 千米）| 意式风情旅游区（0.8 千米）|
古文化街旅游区（1.8 千米）

附近美食：连兴成、顶好煎饼、六国三春、青年餐厅、四季味道小馆、南京大牌档

咨询电话：022-27115679

中共天津历史纪念馆

中共天津历史纪念馆，是 1924 年 7 月中国共产党在天津的第一个领导机关——中共天津地方执行委员会的诞生地。

中共天津历史纪念馆是在原中共天津建党纪念馆的基础上建成的，于 2001 年 7 月开馆，是天津市唯一详尽介绍天津地方党史的展览馆，同时也是天津市重要的爱国主义教育基地。扩建后的中共天津历史纪念馆，占地面积 920 平方米，建筑面积 2051 平方米，主体建筑有 3 层，建筑面积 1742 平方米，共设 5 个展览厅，展出数百幅珍贵历史照片，生动翔实地展示了天津地方党组织在党的英明领导下，成立并逐渐发展壮大的革命成长史。

小贴士：

景点地址： 天津市和平区山西路 98 号
交通情况： 地铁 1、3 号线（营口道）；610、611、619 路（山西路哈密道站）
开放时间： 星期二至星期日 10:00—16:00
门票价格： 免费
周边景点： 古文化街（2.3 千米）| 五大道文化旅游区（1.7 千米）
附近美食： 巷子深菜馆、马记烧卖、狗不理包子、
串煮任 • 成都冷锅串串酒馆（网红打卡地）
咨询电话： 022-27231565
预约通道： 可关注微信公众号“中共天津历史纪念馆”了解更多详情

大理道樘院

大理道樘院原为北洋政府将军府济威将军蔡成勋为祭祖而建。院落始建于 1935 年，整体占地面积 2600 平方米，区别于传统中式建筑和北方官式建筑，原蔡氏家祠采取了中西杂糅、南北结合的建筑风格，是国内现存唯一的南北派建筑风格祠堂，也是天津五大道文化旅游区唯一的中式庙宇建筑。

2024 年，原蔡氏家祠提升改造后更名为樘院，以传承中式传统文化之精髓为核心，以演绎中式庭院与现代设计结合之精妙为理念，作为集高端餐饮、休闲娱乐、时尚购物、艺术展览、中式婚宴设计等业态于一体的时尚消费空间与世人见面。

小贴士：

景点地址： 天津市和平区大理道 5 号
交通情况： 地铁 1 号线（小白楼地铁站）；外国语大学公交站
开放时间： 10:00—次日 2:00
院内品牌： 千橘 Tea&Coffee、澜宴、酌境酒吧
周边景点： 民园广场 | 庆王府 | 先农大院 | 五大道历史博物馆
咨询电话： 13116181159

瓷房子　　景区等级：AAA

瓷房子原是一座法式洋楼，曾经是近代中国外交家黄荣良的故居，后改建为瓷房子，并于 2007 年对游客开放。该建筑有“中国古瓷博物馆”之称，先后用了 7 亿多片古瓷片、13000 多个古瓷瓶和 4000 多个古瓷盘碗，盘于屋顶的瓷龙长 768 米，蔚为壮观。瓷房子装饰所用瓷器的年代从汉代一直跨越到清代，中国所有官窑、民窑瓷器种类几乎都可以在这里看到。

来到这里你不仅可以看到各种各样的瓷器，感叹艺术的自由美，还会佩服设计者“疯狂”的构思，让这座房子有了深厚的文化底蕴，向世界展示了中国的瓷器文化，成为世界文化之林的一朵奇葩。

@瓷房子博物馆
抖音号：chinahouse001

小贴士：

景点地址： 天津市和平区赤峰道 72 号
交通情况： 地铁 3 号线（和平路站）；808、951、845 路（山东路站）
开放时间： 9:00—18:30
门票价格： 50 元
周边景点： 张学良故居（0.1 千米）| 渤海大楼（0.2 千米）| 津湾广场（1 千米）
附近美食： 胡同小馆、萨莉亚意式餐厅
咨询电话： 022-27123366

张园 **景区等级：AA**

张园是清末湖北提督张彪于 1915 年所建的豪华庭院。建筑为混合结构，布局不对称，转角处设有塔楼，借鉴意大利古典复兴造型，采用拱券窗、拱券入口门厅、高耸塔楼等建筑元素，红瓦坡顶，清水砖墙，立面效果丰富多变，具有重要的艺术价值。

回顾百年张园，从曾经的私家宅邸到革命先驱孙中山先生、末代皇帝溥仪的下榻场所，再到侵华日军驻屯军司令官官邸、国民党警备司令部、天津市军事管制委员会和中共天津市委办公地，留下了许多精彩的故事。现陈列《奠基岁月》和《张园往事》两大主题展览。

小贴士：

景点地址： 天津市和平区鞍山道 59 号
交通情况： 地铁 1 号线（鞍山道站）；652、610、619 路（山西路哈密道站）
开放时间： 9:00—17:30（周一闭馆）
门票价格： 30 元
周边景点： 段祺瑞旧居（0.2 千米）| 中共天津历史纪念馆（0.2 千米）
附近美食： 状元菜、永旺羊汤、众乐大盘菜
公众号： 关注“天津张园”官方微信公众号
温馨提示： 每日有沉浸式演绎展《津门往事》。演出时间：10:45—11:45、14:20—15:20（具体演出时间请咨询工作人员）

静园 **景区等级：AAA**

静园，原名乾园，原为北洋政府驻日公使陆宗舆的宅邸，建于 1921 年。园内建有砖木结构楼房一座，融西班牙式和日式风格于一体，草木葱郁，静谧宜人。1929 年 7 月至 1931 年 11 月，末代皇帝溥仪携“皇后”婉容、“淑妃”文绣于此居住，更名“静园”。2007 年 7 月静园正式对游客开放，成为“近代中国看天津”天津名人故居特色游览线路的重要景点，更是游客体验洋楼文化的必游之地。

小贴士：

景点地址： 天津市和平区鞍山道 70 号
交通情况： 地铁 1 号线（鞍山道站）；3、50、673 路（鞍山道站）
开放时间： 9:00—17:30
门票价格： 20 元
周边景点： 意式风情旅游区（1.7 千米）| 世纪钟（2.7 千米）| 五大道文化旅游区（2.8 千米）
附近美食： 顺兴德天津菜馆、贰楼小院、肘子酥、巷子深菜馆
咨询电话： 022-27311618
预约通道： 扫描二维码、关注“津城静园”公众号

南开区

时代见证 津门故里

南开区是天津城市的发祥地之一，被称为“津门故里”，文化积淀深厚，旅游资源丰富，拥有 7 处 A 级旅游景区景点，分别为古文化街、周恩来邓颖超纪念馆、水上公园、老城博物馆、天后宫、广东会馆、鼓楼商业街。这里有包容和善的妈祖精神，有天津老城厢最繁华的商业气息，有浓郁的津味民俗文化，见证了享誉中外的南开中学、南开大学、天津大学的成长之路，还有水上公园、长虹公园、南翠屏公园的那一抹抹绿色……

近年来，南开区立足文化资源和科创资源叠加优势，将文商旅体融入生产力布局之中，在北部老城厢片区打造津沽文化魅力区，连通鼓楼、古文化街和天后宫、文庙、广东会馆等资源，讲好南开故事，留住乡愁记忆；在南部水上奥体片区打造体育竞技活力区，用好生态资源，打造健康活力之城，突出山水相映的自然生态、体育场馆富集的活力生态及高端楼宇林立的商业生态等优势，大力发展电竞经济、潮品经济、会展经济、夜间经济，打造古今交汇、独具特色的天津名片、城市地标。

古文化街旅游区（津门故里） 景区等级：AAAAA

古文化街位于天津老城东门外、海河三岔口地区，原称“宫南、宫北”大街，是天津卫的发源地，是天津最早的民俗、文化、商贸聚集地，有着丰富的文化内涵和历史价值，素有“津门故里”之称。古文化街旅游商贸区总面积达 18 万平方米，集吃、住、游、娱、购于一体，经营业态覆盖文化用品、手工艺品、特色食品、民族服饰、相声茶馆、文化展馆、酒店住宿等，中华和津门老字号、国家和省市级非遗商家林立。景区内天后宫、玉皇阁、戏楼、通庆里等历史风貌建筑得到有效保护利用，民俗民风得以继承延续。历年节日期间组织民俗文化活动，影响力不断提升。现为中国特色商业街、国家 5A 级旅游景区、国家级旅游休闲街区，年最高客流量达 1300 万人次。古文化街以其特有的中国味、天津味、民俗味、文化味吸引着各方游客，成为让全国乃至世界各地了解天津民俗、感受天津民风、体验天津历史文化的最佳场所，被誉为天津的“城市名片”。

天后宫（天津民俗博物馆）

天后宫地处三岔河口西面，古文化街中段，建于1326年，初名天妃宫，据史载后更名为“天后宫”，俗称“西庙”“娘娘庙”，距今已有近700年的历史。它是我国现存年代最早的妈祖庙之一，素有“先有天后宫，后有天津卫”之说。

天后宫由宫外的戏楼、宫前广场、幡杆和山门、前殿、正殿、凤尾殿、藏经阁、启圣祠以及两侧的张仙阁、钟鼓楼和南北配殿、良缘苑、良缘阁组成。1985年重建后，在此基础上建立了天津民俗博物馆，以图片、文物等形式展出介绍天津城、天后宫及皇会的兴起和变迁，以及古时天津的民俗。2013年，天后宫入选第七批全国重点文物保护单位。

小贴士：

景点地址： 天津市南开区古文化街80号
交通情况： 地铁2号线、4号线（东南角站）
开放时间： 9:00—17:00，每逢农历初一、十五8:30—17:00（周一闭馆）
门票价格： 10元
周边景点： 联升斋刺绣艺术博物馆（180米）| 天津文庙博物馆（500米）| 天津戏剧博物馆（1.2千米）
附近美食： 古文化街风情美食街、正阳春、燕春楼
公众号： 天津天后宫

天津文庙博物馆

天津文庙博物馆始建于 1436 年，占地约 1.5 万平方米，是天津市内现存规模最宏大、保存最完整的明清古建筑群。天津文庙由府庙、县庙和府庙明伦堂组成，庙学合一，既是孔庙，又是官学（府学和县学）。文庙府县庙（学）并列，均由万仞宫墙、泮池、棂星门、大成门、大成殿、崇圣祠和东西配殿等组成。文庙内外共有 7 座牌楼，为其他文庙所少见，特别是庙前街上东西两侧的“德配天地”“道冠古今”两座木结构过街牌楼，造型为二柱三楼庑殿顶，颇具特色。

馆内常设“府庙祭祀复原陈列”和“大哉孔子”“孝德”基本陈列，不定期举办临时展览和少儿开笔、青年成人礼等活动。每年春秋两季（尤以农历八月二十七日孔子诞辰日）均有祭孔活动。

小贴士：

景点地址：天津市南开区东门内大街 2 号
交通情况：地铁 2 号线（东南角站）
开放时间：周二至周日 9:00—16:30（提前半小时停止售票）
门票价格：25 元、12 元
周边景点：李叔同故居纪念馆（0.3 千米）| 望海楼教堂（0.5 千米）| 梁启超纪念馆（1 千米）
附近美食：古文化街风情美食街、红帽家常菜馆、正阳春、二嫂子煎饼馃子

通庆里

通庆里位于古文化街东北侧，毗邻玉皇阁。通庆里始建于 1913 年，据传曾是一大银号，后改为民居，传说人们曾发现院内有废弃的地下金库。

通庆里的建筑蕴藏着较强的津味，并在徽式建筑风格的基础上融入了西洋建筑的特点，是典型的“中西合璧、南北交融”。建筑形式为“里弄式”，在里弄左右各自建有相对独立的院落，院落之间有门相通，可独立亦可相连。在通庆里巷口顶端镶有“蚨蝶”状的镂空木雕，寓意“通达吉庆”，通庆里也因此得名。

通庆里东西两侧入口处刻有 6 幅青石浮雕，浮雕工艺非凡，刻画人物惟妙惟肖。这里是感受天津传统文化的好去处。

小贴士：

景点地址： 天津市南开区北马路 80 号
交通情况： 地铁 2 号线（东南角站）
开放时间： 全天
门票价格： 免费
建议游玩时间： 1~2 小时
最佳游玩时间： 午后或黄昏
周边景点： 李叔同故居纪念馆（0.3 千米）| 望海楼教堂（0.5 千米）| 梁启超纪念馆（1 千米）
附近美食： 古文化街风情美食街、红帽家常菜馆、正阳春、二嫂子煎饼馃子

天津记忆——天津非遗文化展览馆

“天津记忆——天津非遗文化展览馆”位于古文化街 21 号（宫前广场），该馆建筑面积约 670 平方米。一层为展览区域，展示天津最具代表性的非物质文化遗产项目。二层为销售区域，销售天津代表性非遗、老字号商品，如：桂发祥十八街麻花、义聚永玫瑰露酒、长城牌天津冬菜、京万红乐家老铺药酒、益德成鼻烟、山海关汽水、起士林巧克力、康乐冰棍等。据不完全统计，该馆年接待游客量超 60 万人次。

小贴士：

景点地址：天津市南开区古文化街 21 号
交通情况：地铁 2 号线（东南角站）
开放时间：9:00—18:30
门票价格：免费
周边景点：李叔同故居纪念馆（0.3 千米）| 望海楼教堂（0.5 千米）| 梁启超纪念馆（1 千米）
附近美食：古文化街风情美食街、红帽家常菜馆、正阳春、二嫂子煎饼馃子

鼓楼商业街

天津鼓楼，名为鼓楼，实为钟楼，排在“津门三样宝：鼓楼、炮台、铃铛阁”的首位。鼓楼始建于明洪武四年（1371 年），是天津的发源地之一，是城内布局的轴心。原鼓楼毁于战火，2000 年重建。登上鼓楼，不仅可以欣赏建筑本身的雕梁画栋、恢宏壮美，亦可于城楼高处游目骋怀，饱览津城美景。

鼓楼商业街以鼓楼为中心呈“十”字形，以青砖瓦房的明清建筑风格为主，主体二至四层，高低错落。整个布局分为三部分：北街为北方古玩城和黄金阁艺术市场；东街为精品购物街；南街以天津传统民俗文化、商业及餐饮为主。其景观风格为传统味、文化味、天津味、民俗味、现代味的高度融合。

小贴士：

景点地址： 天津市南开区鼓楼北街 1 号
交通情况： 地铁 2 号线（鼓楼站）
门票价格： 免费
开放时间： 全天 24 小时开放
周边景点： 古文化街旅游区（1.0 千米）| 天津之眼（1.5 千米）| 大悲禅院（1.8 千米）
附近美食： 津菜宋记老房子、耳朵眼炸糕、正阳春、马记富来饭庄、曾记豆花、三个渔夫蒸汽海鲜、三个火夫和牛海鲜火锅、二嫂子煎饼馃子、卫鼎轩、天津百饺园、醉花亭小酒馆

天津戏剧博物馆 景区等级：AAA

天津戏剧博物馆是中国第一个专业性戏剧博物馆，1985 年在广东会馆基础上修缮兴建而成，集戏剧文物、史料收集、保管、研究、宣传于一体，由邓颖超同志题写馆名。

戏楼作为广东会馆的主体建筑，设计巧妙，舞台上部采用悬挑结构，舞台口不设立柱，具有良好的舞台观赏和原声扩音效果，堪称一绝。著名表演艺术家孙菊仙、杨小楼、梅兰芳、荀慧生等多人均曾在此登台献艺。

馆内常年展出“中国戏剧人物造型艺术展览”，“拜师堂陈列”，“中国京剧艺术发展史”，“中国戏曲发展简史”复原陈列等内容。馆内还拥有全国首座“戏剧音像资料文库”，藏有全国戏剧 90 余个剧种的录像资料 6000 余盘（套）。

小贴士：

景点地址：天津市南开区鼓楼南街 7 号附近
交通情况：地铁 2 号线（东南角站）
开放时间：9:00—16:00
门票价格：5 元
周边景点：古文化街旅游区（1.0 千米）| 天津之眼（1.5 千米）| 大悲禅院（1.8 千米）
附近美食：津菜宋记老房子、正阳春、耳朵眼炸糕、二嫂子煎饼馃子、卫鼎轩、天津百饺园
咨询电话：022-27273443

天津老城博物馆　　景区等级：AAA

天津老城博物馆，作为中国第一家捐赠博物馆，原为英麦加利银行买办徐朴庵的家宅，建于民国年间，建筑面积 2400 平方米。其建筑雕饰典雅精美，是天津市区保存完好的典型传统民居三进四合院。

老城博物馆内展出了民间捐赠的各种老城文物 3600 余件，其中有清代天津漕运码头称粮食用的“官砝”、红木“灯盒子”、江苏会馆界碑、民国时期的“冰箱”，还有记录天津民俗的线装书、老唱片、木壶套、木幌子、支炉，以及珍藏百年的老铜床、座钟、手摇唱片机、收音机等，是感受天津生活变迁的好去处。

小贴士：

景点地址： 天津市南开区鼓楼东街 202 号
交通情况： 地铁 2 号线（鼓楼站）
开放时间： 周二至周日 9:00—16:30
门票价格： 5 元
周边景点： 古文化街旅游区（1.0 千米）| 天津之眼（1.5 千米）| 大悲禅院（1.8 千米）
附近美食： 津菜宋记老房子、耳朵眼炸糕、繁 • 醉花亭小酒馆、正阳春、天津百饺园、卫鼎轩
咨询电话： 022-27283899
公众号名称： 南开旅游服务中心

鼓楼博物馆

鼓楼博物馆位于鼓楼商业街中心位置，馆藏十分丰富。一二层现为“老城遗韵”基本陈列，展览以图片、文献和实物资料相结合的方式，介绍老城厢地区沧桑的历史沿革和深厚的文化底蕴，包括城垣春秋、文脉传承两个部分，充分展示了明清时期天津建筑、文化的发展。其中北门外出土的明代铁炮、清代铁炮弹和天津文庙大修时发现的“文字戳记”字样青砖均为首次展出。三四层现为临时展厅，不定期持续推出各类展览，并可承接摄影展、书画展、收藏展等。五层悬挂一口铜钟，铜钟的图案与造型，取吉祥、避邪之意。击响铜钟，可将美好的愿望伴随悠扬的钟声传向远方。

小贴士：

景点地址：天津市南开区鼓楼南街 30 号
交通情况：地铁 2 号线（鼓楼站）
开放时间：周一至周日 9:00—16:00
门票价格：免费
周边景点：古文化街旅游区（1.0 千米）| 天津之眼（1.5 千米）| 大悲禅院（1.8 千米）
附近美食：津菜宋记老房子、正阳春、耳朵眼炸糕、二嫂子煎饼馃子、卫鼎轩、天津百饺园

周恩来邓颖超纪念馆　　景区等级：AAAA

周恩来邓颖超纪念馆毗邻风光旖旎、景色怡人的天津水上公园风景区，占地 70000 平方米，建筑面积 13411 平方米，于 1998 年 2 月 28 日周恩来诞辰 100 周年纪念日前夕建成开放。馆内基本陈列分为四大展区，即主展馆、仿建的北京中南海西花厅展区、周恩来总理专机展区和“新海门”号船舶展区。主展馆一层为“人民总理周恩来”展览，三层为“20 世纪中国妇女的杰出代表邓颖超”展览；西花厅展区设有复原陈列和主题文物展“伟大的情怀”；周恩来总理专机展区陈列着苏联政府赠送给周恩来的伊尔 -14 型 678 号飞机；“新海门”号船舶展区陈列着 1992 年承担邓颖超骨灰撒放任务的“新海门”号船舶。陈列展览主题突出，生动再现了周恩来、邓颖超两位伟人光辉灿烂的一生，以及他们为祖国、为人民鞠躬尽瘁的优秀品质和崇高精神。

周恩来邓颖超纪念馆是全国爱国主义教育示范基地、全国廉政教育基地、全国民族团结进步教育基地、国家一级博物馆和国家 AAAA 级旅游景区。

小贴士：

景点地址：天津市南开区水上公园西路 9 号

交通情况：公交 643、705、857、871、872、879 路、
观光 2 路（周邓纪念馆站）；地铁 3 号线（周邓纪念馆站）

开放时间：9:00—16:30（16:00 停止入场，每周一闭馆）

咨询电话：022-23592257、022-81110903

官网链接：https://www.mzhoudeng.com/

公众号：周恩来邓颖超纪念馆

微信公众号二维码

天津水上公园　**景区等级：AAAA**

天津水上公园风光秀丽、水波粼粼，旧称“青龙潭”，1951 年 7 月 1 日建成开放。总面积 126.71 万平方米，其中水面面积 76.71 万平方米，是市区规模最大的综合性公园。1991 年，“龙潭浮翠”被天津市民评为“津门十景”之一。2009 年 7 月，水上公园经过大规模景观提升改造，免费对外开放。

水上公园绿草如茵、风景如画，园中水面开阔，岛屿星罗，可谓“三湖九岛八桥连、七园三廊两长堤”。眺远亭、湖滨轩、畅心楼等皆为游客畅游之所。水上公园游乐场被誉为“津门小迪士尼乐园”，有摩天轮、小火车、小飞机、旋转木马等，是小朋友们的最爱。湖面上，400 余条各式游船让游客尽享水上美景，是阖家游玩的好去处。

小贴士：

景点地址： 天津市南开区水上公园东路
交通情况： 地铁 3 号线（周邓纪念馆站、天塔站）；地铁 6 号线（水上公园东路站）
开放时间： 旺季：3 月 15 日—11 月 15 日 6:00—22:00
淡季：11 月 16 日—翌年 3 月 14 日 6:30—21:00
暑期：6 月 1 日—9 月 1 日 5:30—23:00
门票价格： 景区免费开放，游乐设施另行收费
周边景区： 天塔（1.3 千米）| 周恩来邓颖超纪念馆 (0.2 千米）| 天津市体育馆（3.4 千米）
附近美食： 湖院餐厅、卫鼎轩 • 津福荟、天津老码头、徽商故里、人民公社、上海年代、晋乡居
微信公众号： 天津水上公园

长虹生态园

长虹生态园原名南开湾兜公园，改建后正式更名为长虹生态园。园内有儿童游乐区、灯光秀、商业街、湖景摩天轮、游船码头五大板块。北侧游艺区的游艺设施以《山海经》神兽形象为主题，摩天轮下的舞台，每逢重大节日都举办形式多样的文艺表演活动，还有免费的精彩灯光秀。公园以中国山水园林的布局为特色，为游人提供陆路、水路两条游览线路，使游人能够全方位地感受公园的各处景色。全园现有植物 70 余种，数万余株，已基本形成了以碧桃、海棠、月季为主，多种植物合理配置的植物群落，超 7 万平方米的水域组成了中心城区西北重要生态涵养地。

小贴士：

景点地址：天津市南开区红旗路 145 号
交通情况：地铁 2 号线、6 号线（长虹公园站）；47、48、192、879 路（长虹公园站）
开放时间：6:00—22:00
门票价格：免费入园
附近美食：疆莱新疆餐厅、广顺兴、峰厨鱼头泡饼、龙四爷铜锅涮肉
咨询电话：27458245
预约通道：可通过美团、抖音等网络平台购买游艺项目游玩票

南开大学

南开大学肇始于 1904 年，正式成立于 1919 年，由严修、张伯苓秉承教育救国理念创办。1937 年校园遭侵华日军炸毁，学校南迁，1938 年与北京大学、清华大学在云南昆明合组为西南联合大学，1946 年回天津复校。中华人民共和国成立后，经历高等学校院系调整，成为文理并重的全国重点大学。改革开放以来，学校发展成为国家“211 工程”和“985 工程”重点建设的综合性研究型大学。2017 年，入选国家“双一流”建设高校。现形成八里台校区、津南校区、泰达校区“一校三区”办学格局。

南开大学秉承“允公允能、日新月异”之校训，弘扬“爱国敬业、创新乐群”的光荣传统和“文以治国、理以强国、商以富国”的理念，以“知中国，服务中国”为宗旨。南开知名校友多如繁星，佼佼者有周恩来、于方舟、曹禺、吴大猷、陈省身、叶嘉莹等。

小贴士：

景点地址：天津市南开区卫津路 94 号
交通情况：地铁 3 号线（天塔站）；175、698、180 路（手表厂站）
周边景点：周恩来邓颖超纪念馆（1.1 千米）| 天塔（1.6 千米）| 水上公园（1.7 千米）
附近美食：桃花源清雅饭庄、南大西南村老王豆皮

天津大学

天津大学前身为北洋大学堂，始建于 1895 年 10 月 2 日，是中国近代第一所大学，开中国现代高等教育之先河。天津大学是 1959 年中共中央首批确定的 16 所国家重点大学之一，教育部、天津市、国家海洋局共建高校，位列国家“双一流”“211 工程”“985 工程”“2011 计划”“111 计划” “卓越工程师教育培养计划”首批重点建设大学，“卓越大学联盟”成员高校，“中欧工程教育平台”“中俄工科大学联盟”合作高校，中国著名的“建筑老八校”之一。如今，“海棠季”的天津大学已经是大家的春游胜地。

天津大学秉承“实事求是”之校训，知名校友包括张太雷、王宠惠、马寅初、徐志摩、茅以升等。

小贴士：

景点地址：天津市南开区卫津路 92 号

交通情况：8、12、156、675 路（七里台站）

最佳游玩时间：4 月海棠季

周边景点：周恩来邓颖超纪念馆（2 千米）| 天塔（2.1 千米）| 水上公园（2.5 千米）| 五大道文化旅游区（2.6 千米）

附近美食：海棠书院、四十二斋餐厅、陈傻子餐厅、正阳春鸭子楼、八里台小吃街

天开高教科创园

天开高教科创园核心区位于南开区，其中，坐落于大学道与科研东路、科研西路合围区域的天开广场作为起步区，现已投入使用。内街各类超市、饮品店、中西快餐、咖啡茶吧等商业配套齐全，供销向前进牛奶面包店、祥和饽饽铺等一批传统品牌也陆续入驻。

莫比乌斯环雕塑位于天开广场南广场，长 6 米，宽、高均为 4.4 米，系不锈钢材质，设计彰显“天工开物，智创未来”主题，雕塑以寓意“无限永恒”的莫比乌斯环围合“母育子”的形象，展示天开高教科创园以科技孵化为动能，孕育经济循环活力，助力未来城市无限发展。

小贴士：

景点地址： 南开区大学道与科研西路交叉口东北侧

交通情况： 地铁 6 号线（一中心医院站），903、911 路（天拖大楼站）；47、191、192 路（天拖大楼南站）

周边景点： 南开大学（0.4 千米）| 天津大学（2.5 千米）

附近美食： 南大西南村老王豆皮、四十二斋餐厅、湖苑、陈傻子餐厅

南开学校东楼旧址

南开学校旧址有南楼、东楼、北楼、瑞庭礼堂四幢建筑，是我国近代教育家严范孙创办的私立中学，是全国重点文物保护单位、天津市特殊保护等级历史风貌建筑，2017 年 12 月 2 日入选第二批中国 20 世纪建筑文化遗产。

东楼建于 1906 年，是当年南开学校的中心建筑，该建筑为 2 层砖木结构，坡屋顶，外立面以青砖镶嵌红砖饰面。首层主入口突出并开有方窗，二层有连续罗马式拱券窗和简化的爱奥尼克柱拱券。建筑形体简单，细部处理繁复，为典型的古典建筑风格，仿罗马式但又具有中国民族装饰的特点。

东楼旧址一层为南开中学校史馆，二层为周恩来同志青年时代在津革命活动纪念馆，由叶剑英题写馆名。

小贴士：

景点地址：天津市南开区四马路 20-22 号
交通情况：640、841、849、863、961 路（南开五马路站）
周边景点：天津戏剧博物馆（1.3 千米）| 庄王府（1.4 千米）| 天津广东会馆（1.4 千米）
附近美食：渝湘江南百姓家宴、刀叉遇上筷子、木屋烧烤、娜娜家、黄记大洋芋

聂公碑

聂士成(1836—1900年),字功亭,安徽合肥人,晚清名将。他先后参与中法战争、甲午战争、庚子之变，战功卓著。

1900年7月5日，聂士成指挥武卫前军及他部清军与义和团联合，三路围攻天津租界内联军。9日，联军出租界西南侧，绕道进攻跑马场、八里台等地，聂士成亲往督战，负伤殉国。聂士成为国捐躯后，被追赠为太子少保，谥忠节，在其殉难处立碑纪念，碑刻“聂忠节公殉难处”七字，其牺牲处八里台桥改名"聂公桥"。

小贴士：

景点地址： 天津市南开区卫津南路聂公桥畔
交通情况： 地铁3号线（天塔站）
开放时间： 全天
门票价格： 免费
周边景点： 天塔（0.1千米）| 水上公园（1.7千米）
附近美食： 鲁能购物中心地下一层美食广场

天津（南开）大悦城

天津（南开）大悦城位于天津市核心区南开区老城厢，是地铁 2 号线、7 号线鼓楼站地铁上盖物业，邻近地铁 1 号线及多个公交站，交通便利。天津（南开）大悦城于 2011 年 12 月 25 日正式开业，经营面积 9 万平方米，入驻商户 400 余家，定位消费人群是 18~25 岁年轻时尚人群，先后推出骑鹅公社、神兽寺、5 号车库、超级工厂、旺街、南门巷、高街、鞋履花园、天津烫等 9 条创意街区，推出原创 IP 旺旺，通过空间氛围与内容文化的软硬结合，为消费者营造沉浸式的购物体验，并在行业内产生了深远影响。

小贴士：

景点地址：天津市南开区南门外大街 2-6 号
交通情况：地铁 2 号线、7 号线（鼓楼站）
开放时间：10:00—22:00
周边景点：古文化街旅游区（2 千米）| 鼓楼商业街（1.1 千米）| 南市食品街（0.5 千米）
附近美食：麻六记、小大董、大树餐厅、巴奴

鲁能城电能小镇

鲁能城电能小镇主题街区作为天津首个以电力为主题的特色街区，位于鲁能城购物中心 B1 层。作为地下商街的主体部分，该街区打造融合餐饮、文创、设计、手作、娱乐体验、分享、趣玩为主题的经营理念，并将电力融入设计规划的主题街区中。街区整体长度约 248 米，可租赁经营面积 7133 m²，商铺 40 余家。电能小镇与鲁能城购物中心主体场馆、室外下沉广场连通，自 2019 年以来，鲁能城购物中心利用下沉广场开展啤酒消夏节、电影之夜、音乐节等主题的夜间活动，搭配相应风格的市集，形成消费新热点。

小贴士：

景点地址： 天津市南开区水上公园北道与水上公园东路交叉口东南角负 1 层
交通情况： 地铁 3 号线（天塔站）
开放时间： 10:00—22:00
周边景点： 水上公园（0.5 千米）| 天津市动物园（1.7 千米）| 奥体中心（1.3 千米）| 天塔（0.5 千米）
周边美食： 娜娜家、海底捞、硬石餐厅

仁恒伊势丹茑屋书店

仁恒伊势丹位于天津南开区东马路，辐射东北角、鼓楼等多商圈。商场 B2 层引进华北首家 TSUTAYA BOOKSTORE 丨茑屋，并创新地把“庭院”建筑组合引入商业，构筑出崭新的多元文化生活。作为经营着日本最大规模连锁书店的 CCC 集团 (Culture Convenience Club Co., Ltd.) 旗下同品牌的中国内地 1 号店，以极具“园林氛围感”的设计配合舒适的“BOOK & CAFÉ”业态，以及日本知名品牌的文具和杂货，打造现阶段 CCC 集团中国门店中面积最大的文创卖场和“生活提案型书店”。

小贴士：

景点地址：天津市南开区东马路 137 负 2 层
交通情况：地铁 2 号线、4 号线（东南角站）
开放时间：10:00—21:30
周边景点：古文化街旅游区（0.5 千米）| 鼓楼商业街（1.1 千米）| 天津大悦城（1.4 千米）
周边美食：滨寿司、鮨麟 Omakase、绿色庄园

果仁张

果仁张位于古文化街 12 号，是中华老字号、天津市非物质文化遗产。果仁张源于 1830 年，是拥有 190 多年历史的老字号企业。

果仁张不仅传承了美食文化，更是中国悠久历史和工匠精神的体现，它的发展历程展现了中国食品工业从传统到现代的转型过程。其产品荣获中华老字号精品博览会最受欢迎品牌奖、中华名小吃、最受消费者喜爱的老字号产品、中国食品博览会金奖、首届中国金牌旅游小吃奖等，2022 年被评为“津彩相伴——天津特色伴手礼”。

河西区

城市名片 文化中心

河西区位于天津市区东南部的海河西岸，是天津市中心城区之一、市级行政中心、文化艺术中心、创意产业基地和生态宜居城区。区内古今文化交融，有国家 A 级景区 6 处，其中有 4A 级景区一处——天塔湖风景区；星级宾馆 7 家，其中 5 星级宾馆 3 家；国家文物保护单位 2 处，市级文物保护单位 15 处。区内群众性文化活动丰富多彩，形成了“西岸”文化品牌，推出了“文化 365 • 快乐在河西”惠民系列活动，文化和旅游产业繁荣发展，现代公共文化服务体系初步形成。

天津市文化中心

天津市文化中心是天津市规模最大的公共文化设施，同时也是全国最大的文化休闲中心。天津市文化中心四周范围为友谊路以东、隆昌路以西、乐园道以南、平江道以北的整个区域，总占地面积约 90 万平方米，包括天津自然博物馆、天津博物馆、天津图书馆（文化中心馆）、天津美术馆、天津大剧院、天津青少年活动中心、天津万象城、天津彩悦城、天津津悦城等。

天津博物馆

天津博物馆是一座历史艺术类综合性博物馆，其前身天津博物院成立于 1918 年，是国内最早建立的博物馆之一。其收藏特色是以中国历代艺术品和近现代历史文献、地方史料并重，现有各类藏品近 20 万件，图书资料 21 万册。天津博物馆新馆于 2008 年开工建设，2012 年落成并对外开放。新馆地上 5 层，地下 1 层，层叠错落；内部空间设计更融合了博物馆穿越时空隧道、连接未来之窗的理念，新颖独特。

小贴士：

景点地址：天津市河西区平江道 62 号
交通情况：地铁 5、6 号线（文化中心站）；686、868、912 路（天津博物馆站）
开放时间：周二至周日 9:00—16:30
门票价格：免费
建议游玩时间：2~4 小时
周边景点：挂甲禅寺（2.7 千米）| 五大道文化旅游区（2.9 千米）
附近美食：胖子菜馆、二姐家的三个拿手菜、陈家小院、海底捞、新煮意、青年餐厅
咨询电话：022-83883000
网址：https://www.tjbwg.com.cn
预约通道：扫描二维码，关注公众号

天津大剧院

天津大剧院为综合性多功能艺术创作与演出机构，由歌剧厅、音乐厅、小剧场以及多功能厅组成，采用目前世界上最先进的声光系统和全自动机械舞台，可以上演交响乐、话剧、戏曲等不同种类节目。大剧院面向湖面，利用亲水平台创造出宽敞的公共空间，形成开放的"城市舞台"，既可供市民休憩、观景，也能满足室外多功能表演的需求。

夜晚的大剧院更加美丽动人。这里有音乐喷泉表演，喷泉周围闪烁着光，喷泉的一侧是大型雕塑"水上月"。天上的繁星明月在湖中的倒影和天津大剧院一道，都在陪伴着前来观剧的您。

小贴士：

景点地址： 天津市河西区平江道 58 号
交通情况： 地铁 6 号线（乐园道站）；838、857、906 路（文化中心大剧院站）
开放时间： 演出时间
周边景点： 挂甲禅寺（2.7 千米）| 五大道文化旅游区（2.9 千米）
附近美食： 胖子菜馆、二姐家的三个拿手菜、陈家小院、海底捞、新煮意、青年餐厅
咨询电话： 022-83882000
网址： www.tjpolytheatre.com
预约通道： 扫描二维码、关注公众号

天津美术馆

天津美术馆地处文化中心的核心位置，临湖而建，总建筑面积 2.8 万平方米，分为地上四层和地下一层。展厅总面积 9080 平方米，可同时举办多个高水平国内外大型艺术展览及活动。建筑外观简洁大方，极富现代气息，内部设施完善。既提供了常设性和临时性展览空间，也提供了公共教育与文化休闲的空间，是中国最具现代化标准的美术展馆之一。天津美术馆一直致力于专业型美术馆的建设，多次获得文旅部奖项。同时也注重拓展公益性的社会功能，促进中外文化艺术交流，力争成为具有一定国内外影响力的现代艺术殿堂。

小贴士：

景点地址： 天津市河西区平江道 60 号
交通情况： 地铁 6 号线（文化中心站）；868、912 路（天津博物馆站）
开放时间： 周二至周日 9:00—16:30
门票价格： 免费
周边景点： 挂甲禅寺（2.7 千米）| 五大道文化旅游区（2.9 千米）
附近美食： 胖子菜馆、二姐家的三个拿手菜、陈家小院、海底捞、新煮意、青年餐厅
咨询电话： 022-83883300
预约通道： 扫描二维码，关注公众号

天津图书馆

天津图书馆前身为1908年的直隶图书馆。1949年天津解放后逐步合并为天津市人民图书馆。1982年，天津市人民图书馆更名为天津图书馆，现拥有文化中心馆、复康路馆、海河教育园馆、贵州路梦娃绘本馆4个馆区。“读一本好书，就是和许多高尚的人谈话”，拥有普通文献馆藏量1028万册的天津图书馆，可以让您在书香世界里享受宁静，在宁静中探索世界的奥秘，发现一个文艺的自我。

小贴士：

文化中心馆地址：天津市河西区平江道58号
交通情况：地铁5号线（文化中心站），地铁6号线（乐园道站）
开放时间：周二至周日 9:00—18:30 **咨询电话：**022-83883636
复康路馆地址：天津市南开区复康路15号
交通情况：地铁3号线（周邓纪念馆站）
开放时间：周二至周日 9:00—18:30 **咨询电话：**022-23620156
海河教育园馆地址：天津市津南区海河教育园区新慧路1号
交通情况：655路（海河教育园管理中心站）
开放时间：周二至周日 9:00—16:30 **咨询电话：**022-28626915
贵州路梦娃绘本馆地址：天津市和平区贵州路58号
交通情况：800、838路（云南路站），9、831、845路（桂林路站）
开放时间：周二至周日 9:00—17:00 **咨询电话：**022-58996161

天津图书馆微信服务号

天津自然博物馆

天津自然博物馆新馆位于天津文化中心，基本陈列以"家园"为主题，从户外"家园 • 足迹"到首层"家园 • 探索"，从二层"家园 • 生命"到三层"家园 • 生态"，讲述一个从远古到当代、从世界到天津的"家园"故事。它是全国第一个主题单元化、全景式展示的集自然探索、科学体验、科学教育于一体的自然史博物馆。

小贴士：

景点地址： 天津市河西区友谊路 31 号
交通情况： 662、668、686 等路（天津博物馆站）
开放时间： 周二至周日 9:00—16:30
门票价格： 免费
周边景点： 挂甲禅寺（2.7 千米）| 五大道文化旅游区（2.9 千米）
附近美食： 胖子菜馆、二姐家的三个拿手菜、陈家小院、海底捞、新煮意、青年餐厅
咨询电话： 022-23347988
预约通道： 扫描二维码，关注公众号

天津科学技术馆　景区等级：AAA

天津科学技术馆是天津市大型公益性科普设施，1995年正式对外开放，馆内分为上下两层、十大展区，展出展品330余件，集科学性、知识性、趣味性、参与性和艺术性于一体。主体建筑上方的球形建筑为宇宙剧场，可放映全天域科教电影。近年来，天津科技馆紧跟时代步伐，坚持科普为民惠民，深入推进天津市全域科普工作，开展形式多样、内容丰富的展教活动和青少年科教活动，积极服务“双减”落实落地，在提高公民科学素质和服务我市经济社会发展方面发挥了积极作用。

小贴士：

景点地址： 天津市河西区隆昌路94号
交通情况： 地铁5号线（文化中心站），地铁6号线（乐园道站、尖山路站）；655、859、846、606、632路（科技馆站）
开放时间： 周三至周日 9:00—16:30
门票价格： 常设展厅免费（需证件）；
宇宙剧场：30元/人，亲子套票（1成人1儿童）50元
周边景点： 天津杨柳青木版年画博物馆(1.9千米)| 人民公园(2千米)| 北疆博物院(2.5千米)
附近美食： 南楼煎饼、土大力、红旗饭庄、黄记煌三汁焖锅、肯德基
咨询电话： 022-28320315
预约通道： 游玩前需前往“天津科学技术馆公众号”预约

天津科学技术馆
微信服务号

天津科学技术馆
微信订阅号

其他

天津广播电视塔　景区等级：AAAA

天津广播电视塔，简称天塔，是天津市的标志性建筑物之一，享有“天塔旋云”的美称，塔高 415.2 米，坐落在 22 万平方米的天塔湖中间，与湖水形成一体。

在塔座一层有免费对外开放的天塔西岸书斋观澜厅，游客可在此观湖景、览群书。在天塔 253 米高的瞭望厅可纵观天津全城风景，此处为游客提供高倍望远镜。从瞭望厅通过旋梯拾级而上，可进入天塔西岸书斋 • 知道吧，知道吧作为天塔蜚声全国的网红旋转书斋，高 257 米，是一个集求知问道、轻松休闲功能于一体的体验空间。欢迎您登天塔品尝醇香咖啡、享受云端阅读的乐趣！

小贴士：

景点地址： 天津市河西区卫津南路 1 号
交通情况： 地铁 3 号线（天塔站）；8、12、161 路等（天塔站）
开放时间： 10：00—21：00，营业结束前半小时停止售票
门票价格： 45 元
周边景点： 聂公碑（0.5 千米）| 天津水上公园（1.3 千米）
附近美食： 天津百饺园、金环西餐厅、津菜宋记老房子、小渔大海水产火锅
温馨提示： 天塔使用高速安全电梯，运行速度较快，有心脏病、高血压的游客需有人陪同
咨询电话： 4009999253
预约通道： 扫描二维码关注“爱上天塔”公众号

北疆博物院

北疆博物院由法国博物学家桑志华于 1914 年创建，是目前国内唯一一座原址、原建筑、原藏品、原展柜、原文献资料完好保存至今的百年博物馆，现为天津自然博物馆。最初名为“黄河白河博物馆”，也是中国为数不多的集动物、植物、地质、古生物、古人类等多学科于一体的综合性博物馆，更是中国近代博物馆发展史上的一座“活化石”。

小贴士：

景点地址： 天津市河西区马场道 117 号 (天津外国语大学校内)
交通情况： 13、902、904 路（外国语大学站）
开放时间： 周二至周日 9:00—16:30
门票价格： 免费
周边景点： 五大道文化旅游区（0.5 千米）| 马车驿站（0.6 千米）| 五大道地标钟（0.6 千米）
附近美食： 东林餐厅、天津外国语大学风味餐厅、泰裕丰、太守宴 • 竹园、鹿园西餐厅、砂锅李
咨询电话： 022-23347988
预约通道：扫描二维码关注“天津自然博物馆”公众号

人民公园

天津人民公园始建于 1863 年，前身荣园系津门盐商李春城的私家花园。1949 年后重整园容并更名为人民公园，于 1951 年 7 月 1 日开放，是天津唯一保存完好的清代盐商私家园林，也是全国唯一由毛泽东同志亲笔题名的公园。

人民公园是繁华闹市中的“绿宝石”，园中环形湖将公园分为休闲文化区、市民健身区、水上游乐及沿湖游览区、儿童游乐区和中心区 5 个功能区。现存中和塔、藏经阁、显密圆通殿三处历史建筑。玉兰花海、海棠风韵、竹林幽径、香月荷塘、九曲莲翠五处特色景观形成贯穿东西、联合南北的两条景观带。人民公园集造园艺术、建筑文化、人文气息于一身，具有深厚文化底蕴和历史传承，充分展现了中国园林艺术的风采。

小贴士：

景点地址： 天津市河西区徽州道 29 号
交通情况： 地铁 1 号线（下瓦房站）；175、369 路（人民公园南门站）
开放时间： 周一至周日 6:00—22:00
门票价格： 免费
周边景点： 北疆博物院（1.1 千米）| 庆王府（1.2 千米）| 五大道文化旅游区（1.5 千米）
附近美食： 胡大饭馆（红巷子）、津菜典藏、宝月楼台湾菜馆、三个渔夫蒸汽海鲜、盛宴楼饭庄

河东区

记忆乡愁 城市根脉

大直沽是天津市的发祥地，“先有大直沽、后有天津卫”的民谚广为流传。大直沽因海而生，衍生和容纳了漕运文化、妈祖文化、庙祠文化、酒文化至近代之洋务文化、体育文化等多种文化形态，经过数百年历史积淀，奠定了自身独有的历史风貌与地位。

河东区历史悠久，直沽文化底蕴深厚，这里四通八达，是连接北京一天津中心城区一滨海新区的桥梁；这里是老工业基地，是天津现代工业文明的摇篮；这里文化旅游商贸繁荣，年轻时尚有活力。有国家 3A 级景区——天津音乐街和酒博印象博物馆；有全国重点文物保护单位——元明清天妃宫遗址博物馆；有国家级夜间文化和旅游消费聚集区、天津市旅游休闲街区——棉 3 创意街区；有爱琴海“老门口儿”夜市、远洋未来“老门口儿”夜市、万达“幸福里市集”、棉 3“步眠夜巷”、阳光星期 8 集装箱夜市等不同特色的夜市，城市“烟火气”氛围浓厚。除此之外，河东区还有天津站解放桥、荐福观音寺、天妃码头、吉姆都市冒险世界等旅游打卡地。历史在这里沉积、乡愁在这里发酵。

棉 3 创意街区

棉 3 创意街区原为天津棉纺三厂旧址，前身是始建于 1921 年的裕大纱厂，1958 年更名为天津第三棉纺厂，简称“棉 3”。这座跨越百年、作为天津轻纺工业重要遗迹的工厂，于 2014 年与现代文化创意相结合，以保护性开发建设的“棉 3 创意街区”在此落成，成为天津首个集创意设计、新媒体服务、商务咨询、艺术展示、文化休闲、人才培训于一体的新型创意产业综合体项目。

今日的棉 3，从传统的工业转型成为新型的创意产业，百部书房、神秘博物馆等一批文创工作室聚集于此，是天津市目前规模最大、硬件设施最完善的文化创意产业园，并以每周一场的频次举办了 400 余场各类文化、艺术交流活动。

小贴士：

景点地址： 天津市河东区海河东路国泰桥南侧 200 米
交通情况： 地铁 1 号线（陈塘庄站）；观光 3 路（棉 3 创意街区站）
开放时间： 不定期举办主题市集活动，可关注微信公众号提前了解
门票价格： 公共区域免费参观，部分艺术空间预约免费参观
建议游玩时间： 6 小时左右
周边景点： 富民公园（0.6 千米）| 元明清天妃宫遗址博物馆（2.2 千米）
附近美食： 棉锦餐厅、棉舍老津衞、朴太院烤肉、酉鸡汇、威迪港式蒸饭
咨询电话： 022-59668181
网址： www.mian3.com

天津音乐街　景区等级：AAA

天津音乐街全长 500 米，40 余间沿街门店全部采用欧式简约风格。黑白相间的琴键路面、栩栩如生的艺术雕塑、“凤鸣昆仑”的形象标志，生动有趣的音乐涂鸦，小小的天津音乐街包罗万象。

天津音乐街以天津音乐学院为核心，以音乐器材租售、音像图书、音乐制作、音乐艺术培训为主体，同时汇集形象设计、服装道具、灯光音响、文化用品等相关业态，充满了浓厚的音乐氛围。

漫步于街头，感受音乐魅力，与这优雅惬意的音乐街来一次不期而遇吧！

小贴士：

景点地址：天津市河东区八纬路（十四经路至十五经路段）
交通情况：642、673 路（丰盈西路）；847、643 路（长城公寓站）；
地铁 5 号线、9 号线（直沽站）
开放时间：全天
门票价格：免费
建议游玩时间：1 个小时
周边景点：元明清天妃宫遗址博物馆（0.5 千米）| 利顺德大饭店（1.7 千米）|
人民公园（1.8 千米）
附近美食：登瀛楼、新煮意、鼎旺府、津门张记包子铺、潇湘味道

元明清天妃宫遗址博物馆

元明清天妃宫遗址博物馆是全国重点文物保护单位，是了解天津悠久历史、呈现天津深厚文化底蕴，讲好天津故事的重要文化阵地和窗口。1998 年 11 月至 1999 年 1 月，市考古部门对天妃宫遗址进行了考古发掘，发掘出天妃宫明清大殿基址和元代建筑基址，出土了大量金、元、明、清各时期的建筑构件和生活用品。经考古专家论证，大直沽被国家文物局考古专家组认定为天津市城市的原生点，天妃宫则是天津城市原生点的标志。博物馆共设有考古天妃宫、天妃与天津两大基本陈列展厅，展览以实物、浮雕、场景、图片、壁画、蜡像、文献资料等重点展示了天妃宫遗址考古发掘和文物保护重要成果，突出表现了大直沽及天妃宫遗址在天津城市发展中的历史地位，以及天妃宫遗址在体现天津作为中国海上丝绸之路重要节点的历史见证方面的重要作用，再现了天妃宫遗址深厚的文化底蕴。

小贴士：

景点地址： 天津市河东区大直沽中路与八纬路交口
交通情况： 地铁 5 号线、9 号线（直沽站）；92、511、608、665、668、760、840、860、962、678 路（大直沽 5 号路站）
开放时间： 9:00—16:30（周一闭馆，国家法定节假日除外）
门票价格： 免费
周边景点： 荐福观音寺（0.5 千米）| 五大道文化旅游区（3.0 千米）
附近美食： 桃子餐厅、赵奶奶水饺锅贴、君玲羊汤
咨询电话： 022-24313183
预约通道： 关注公众号“天津市文化遗产保护中心”

天津酒博印象博物馆　景区等级：AAA

天津酒博印象博物馆是一座以酒文化为主题的综合性博物馆，有文化旅游、展示体验、品鉴交流等多种功能，是天津地区最大的集收藏、保护、研究、陈列、教育于一体的大型公益性酒文化研究机构和传播交流窗口。

天津酒博印象博物馆常设三个基本陈列：酒博印象、天津记忆、百酒争鸣。其收藏特色是中国历代酒器、酒具和国内外各大名酒，重点展示中华民族在数千年酒文化发展进程中积淀的丰富遗存。

小贴士：

景点地址： 天津市河东区卫国道 132 号
交通情况： 地铁 2 号线（翠阜新村站）；地铁 5 号线（靖江路站）；32 路、35 路、35 路区间、353 路、461 路、462 路、635 路、907 路（翠阜新村站）
开放时间： 9:00—17:30
门票价格： 免费
周边景点： 桥园公园（1.7 千米）| 唐口健康公园（1.9 千米）| 复兴庄清真寺（2.8 千米）
附近美食： 登瀛楼（卫国道旗舰店）、正月十五
咨询电话： 400-002-8989
公众号： 酒博印象

中海环宇天地俄欧风情街

中海环宇天地俄欧风情街地处原俄租界东区，毗邻原俄国领事馆旧址，是河东区最早的地面建筑物之一。作为天津首个俄欧风情街，中海环宇天地在区位、文化、风貌建设等方面都禀赋独特，建筑设计融合俄式元素与大都会风格，建筑面积约 4.7 万m^2，集国际甲级写字楼、风情商业街、高端住宅、洋楼公馆、总部办公于一体，打造提供高档次、高品位的购物、休闲、娱乐、旅游、商务等服务的都市综合区域。

小贴士：

景点地址： 河东区六纬路 236 号环宇天地
交通情况： 地铁 9 号线（十一经路站）；600、643、673 路（大光明桥站）
开放时间： 全天
门票价格： 免费
周边景点： 大光明桥（0.4 千米）| 元明清天妃宫遗址博物馆（2.2 千米）| 世纪钟（2.3 千米）
附近美食： 喀秋莎西餐厅、香奈西餐厅、津喜荟 • 创意菜、晓粤馆、西苔岛咖啡、道口鲜食

天津金茂汇

天津金茂汇是在原天津第一热电厂的基础上，进行城市更新的文保改建商业体，秉持“修旧如旧、新旧并置”的设计理念，通过对厂房红色砖墙的复原、顶部桁架的加固以及原有煤斗群落的修复，重新为工业遗迹注入生命力。

天津金茂汇由户外河畔广场与室内商业综合体组成。户外河畔广场近 1 万平方米，拥有天津市区内最大的沿河花园广场，将娱乐休闲与绿植艺术、历史文化相结合，为游客市民提供户外休闲活动空间。室内商业综合体汇聚奈尔宝亲子乐园、雏菊意大利餐厅等城市首店。打造家庭欢聚空间、青年社交圣地和先锋文化阵地。

小贴士：

扫码关注我们

景点地址：河东区六纬路与十四经路交口

交通情况：地铁 4 号线（六纬路站），地铁 5、9 号线（直沽站）

开放时间：广场全天开放，商场 10:00—22:00

门票价格：免费

周边景点：元明清天妃宫遗址博物馆（1.5 千米）| 小白楼（1.5 千米）| 五大道文化旅游区（3.1 千米）

附近美食：3721 未来美食空间站、玛格丽特 • 雏菊意大利餐厅、楠火锅、星巴克甄选店

河北区

京师门户 百年风云

“地当九河津要，路通七省舟车”的河北区，早在金元时期就是河海运输的枢纽、盐业的基地、京师的门户。

河北区人文历史深厚，人才辈出，精英荟萃。这里有梁启超、李叔同、曹禺等多位名人的故居，有实业家创办的恒源、华新、利生、寿丰、金鸡、永明、达仁堂制药等数十家老字号企业，有北宁公园、曹家花园、蔡家花园等中西合璧的园林建筑，也有蜚声海内外的意式风情旅游区，各领风骚，令人赞叹不已。河北区也是具有光荣革命传统的地方，孙中山、李大钊、张太雷、周恩来、邓颖超等无数革命先驱者都在这里留下了难忘的足迹，觉悟社、女星社等旧址仍在见证着当年的革命历史。

近代百年看天津，天津百年看河北。

天津意式风情旅游区　景区等级：AAAA

天津意式风情旅游区是原意租界的中心区，始建于 1902 年，占地 28.45 万平方米，是由河北区五经路、博爱道、胜利路、建国道四条道路合围而成的四方形地区，区内拥有保存完整的百年历史欧式建筑近 200 栋，主要景点有马可 • 波罗广场、原回力球俱乐部和原意大利兵营，是目前意大利本土之外、亚洲唯一保存完好的意大利风貌建筑群落，可谓天津的“罗马假日”。

在这个区域的周围还有许多著名的近现代历史名人故居，如梁启超纪念馆、李叔同故居、曹禺故居和袁氏宅邸、冯国璋旧居等，历史文化底蕴深厚。

小贴士：

景点地址： 天津市河北区光复道

交通情况： 地铁 2 号线（建国道站）；27、5、8 路（意式风情区站）

开放时间： 全天

门票价格： 免费

周边景点： 世纪钟广场（0.7 千米）| 古文化街旅游区（1.1 千米）| 五大道文化旅游区（2.7 千米）

附近美食： 天津普拉那啤酒坊、弗拉门戈西班牙餐厅酒吧、威尼斯意餐酒吧、巴伐利亚啤酒坊、福楼法餐、上海年代

咨询电话： 022-26116895

预约通道： 关注“天津意风区”公众号

天津觉悟社纪念馆　景区等级：AAA

觉悟社成立于 1919 年 9 月 16 日，是周恩来、马骏等领导的天津爱国青年的进步组织。天津觉悟社纪念馆依托觉悟社旧址而建，由邓颖超题写匾额。馆内有复原陈列和辅助陈列两部分，前者再现了原三戒里 4 号历史原貌，展出了当年社员抓阄使用的工具、学习生活用具及文献等珍贵文物。辅助陈列室中，展出大量历史文献、文物、历史照片、绘画、雕塑等，如实地反映出觉悟社成员追求真理，奋发进取，以爱国热情和斗争勇气探索救国救民道路的革命历程。

小贴士：

景点地址： 天津河北区宙纬路三戒里 49 号
交通情况： 地铁 3 号线（中山路站）；863、954 路（黄纬路站）；641、12、610 路（宇纬路站）
开放时间： 周二至周日 9:00—16:30
门票价格： 免费（领票参观）
周边景点： 中山公园（0.7 千米）| 大悲禅院（0.8 千米）| 天津之眼（1.1 千米）
附近美食： 惠宾饭庄（宙纬路店）、老津味锅贴居、津悦 • 津师傅烤鸭、中山美食街
咨询电话： 022-26355181

梁启超纪念馆　景区等级：AAA

梁启超纪念馆是梁启超晚年定居天津时的寓所。纪念馆由旧居和“饮冰室”书斋两部分组成，旧居通过大量的历史文献、照片，并辅以蜡像、多媒体等手段展现了梁启超不同时期的思想变化、政治主张和学术成就。“饮冰室”书斋则再现了梁启超当年工作及生活的情景。

在这里，梁启超策划了反袁护国运动，留下了卷帙浩繁的《饮冰室合集》。天津成就了大师的事业，大师增添了天津的风彩。

小贴士：

景点地址： 天津市河北区民族路 44、46 号
交通情况： 324、640、841 路（民主道站）；324、640、841 路（意式风情区站）
开放时间： 周二至周日 9:00—17:00
门票价格： 10 元
周边景点： 意式风情旅游区（0.2 千米）| 天津站海河广场（0.9 千米）| 金汤桥（0.6 千米）
附近美食： 福楼法餐厅、上海年代、新天堂影院意式餐厅、普拉那啤酒坊、威尼斯意餐酒吧
咨询电话： 022-24450856
预约通道： 关注“天津梁启超纪念馆”官方公众号，进行线上购票

李叔同故居纪念馆 景区等级：AAA

李叔同故居纪念馆是为了纪念中国近代文化先驱、天津本土文化名人杰出代表李叔同（弘一大师）而修建的专题性纪念馆，总占地面积 4000 平方米，分为园林和故居两部分。基本陈列《海河之子——李叔同》以 250 余张照片、97 件（套）文献史料、13 处多媒体互动和多处复原景观，全面介绍了李叔同的生平业绩、文化贡献、人文精神，突出了天津地域文化对其影响和奠基作用。纪念馆环境优雅宜人、建筑古色古香，历史底蕴深厚，是天津独具特色的文化场馆和文化新地标。

小贴士：

景点地址： 天津市河北区海河东路与滨海道交口处
交通路线： 15、154、954 路（望海楼站）；901 路（昌海公寓站）
开放时间： 周二至周日 9:00—17:00
门票价格： 免费
最佳拍摄风格： 复古、文学风
周边景点： 古文化街旅游区（0.3 千米）| 狮子林桥（0.4 千米）| 望海楼教堂（0.4 千米）
附近美食： 燕春楼饭庄、耳朵眼炸糕、崩豆张
咨询电话： 022-24458571

金汤桥会师公园

连接建国道与水阁大街的金汤桥建于 1906 年，在此之前，这里原为东浮桥，桥东是盐关厅所在地，故也叫盐关浮桥。随着近代交通的发展，天津有了电车。为了使电车能过河直达老龙头火车站，便将浮桥改建成一座三孔实墩，其中两孔能够开启，上弦呈曲线形的新式铁桥，名“金汤桥”，取“固若金汤”之意。

1949 年 1 月 14 日上午 10 时，解放军华北野战军和东北野战军 5 个军向天津发起进攻，很快突破外围防线，东北野战军由西向东，华北野战军由东向西，至 15 日凌晨，两支进攻部队在金汤桥会师，将守敌拦腰斩断。为纪念这次会师，1984 年 5 月在金汤桥桥头修建了这所公园。

小贴士：

景点地址：天津市河北区海河东路与建国路交口
交通情况：地铁 2 号线（建国道站）
开放时间：全天
门票价格：免费
咨询电话：022-26351591
周边景点：古文化街旅游区（0.5 千米）| 意式风情旅游区（0.7 千米）| 五大道文化旅游区（3.4 千米）
附近美食：古文化街风情美食街、金汤宴 • 古法粤菜、川鲁湘饭店烤鱼

中山公园

中山公园原名劝业会场，建成于 1907 年，是天津最早向公众开放的公园。1928 年北伐胜利后，为纪念孙中山先生北上时曾在公园中演讲的历史，故定名为中山公园。

园内格局宏大，亭台楼榭、小池细渠、板桥回栏、杨柳摇曳、曲路羊肠，教育品陈列所、直隶图书馆美术馆等设施也都建在公园内。

小贴士：

景点地址： 天津市河北区中山路、中山公园路
交通情况： 地铁 3 号线（中山路站）；公交 609、818、702、1、12、619、632、641、813、869、901、903 路（宙纬路站）
门票价格： 免费
周边景点： 中山公园（0.2 千米）| 天津觉悟社纪念馆（0.5 千米）| 曹家花园（1 千米）| 大悲禅院（1.1 千米）| 天津之眼（1.3 千米）| 北宁公园（1.7 千米）
附近美食： 惠宾饭庄、普天和酒店、十月炸糕、秀泽熟梨糕、上岗面茶、辈呗香
咨询电话： 26220662

中山美食街

中山美食街坐落在中山公园门外，全长 130 多米，现有商铺 79 家，美食摊位 60 多个，包括千余个美食品种、众多老字号和网红美食，现已成为天津品类比较齐全、品种比较丰富的美食聚集地。

北宁公园

北宁公园前身系袁世凯委派周学熙选址筹办的种植园，1907年正式开湖建园，名“鉴水轩”。1930年，北宁铁路局购得此园并规划拓建为公园，取用诸葛亮《诫子书》“非宁静无以致远”之意，命名为“宁园”，亦名北宁公园。公园沿袭中国古典造园的手法，在种植园原有基础上，新建宏观楼、大雅堂、志千礼堂、图书馆、四面厅、钓鱼台以及水池亭桥、长廊曲径等古典建筑。景观营造具有明显的皇家园林风格，特别是2000余米的长廊，堪与闻名世界的圆明园长廊相媲美。北宁公园历经多次建设，各个时期的景观建筑和历史遗存非常丰富，是天津市现存规模最大、原貌最完整的近代公共园林。

小贴士：

景点地址： 天津市河北区中山北路1号
交通情况： 地铁6号线（北站站）；619、641、646路（北宁公园站）
开放时间： 6:00—20:00
门票价格： 免费
建议游玩时间： 2~3小时
周边景点： 中山公园（1.7千米）| 天津觉悟社纪念馆（1.9千米）
附近美食： 自留地老菜馆、津门春雨羊汤、津利华中山饭店、老津味锅贴居
咨询电话： 022-26219890

曹家花园　景区等级：AAA

曹家花园的前身是孙家花园，清末为买办孙仲英所建。西起元纬路、东至宙纬路、南至五马路、北抵新开河，共二百多亩（1 亩约合 666.7 平方米），园内遍植花木，楼台亭阁，溪水环流。1906 年曹锟看中孙家花园，遂用重金从孙仲英手中买下，自此“孙家花园”改称“曹家花园”。1924 年，孙中山先生曾在此与张作霖晤谈。中华人民共和国成立后改为解放军二五四医院。

2012 年曹家花园修复改造后对市民免费开放。

小贴士：

景点地址：天津市河北区黄纬路和八马路交会处
交通情况：地铁 6 号线（天泰路站）；1、619、641、646 路（254 医院站）**开放时间：**全天
门票价格：免费
周边景点：天津觉悟社纪念馆（0.6 千米）| 大悲禅院（0.7 千米）| 天津之眼（1 千米）
附近美食：川鲁饭店、津菜典藏、中山美食街

东疆之星·意风新经济产业园

东疆之星·意风新经济产业园（NEX 意巷）坐落于意式风情旅游区内，前身为原意大利兵营，是一座百年历史风貌建筑。产业园以快闪展览 / 活动、艺术家跨界、线上交互等创新模式，创造新的沉浸式消费体验。目前入驻品牌包含意大利造纸艺术品牌飞碧纳中国首店、泛亚“人生赢家”首家线下创意融合餐厅、Puton · 咖啡艺术美学咖啡等多家新消费品牌线下体验店，以及复活百年老字号文美斋藏品的“墨气场”项目。

小贴士：

景点地址： 天津市河北区光明道 20 号
交通情况： 地铁 2 号线（建国道站）
开放时间： 全天
门票价格： 公共区域免费参观
周边景点： 意式风情旅游区（0.2 千米）| 梁启超纪念馆（0.2 千米）| 曹禺故居纪念馆（0.2 千米）
附近美食： 晴川日料、人生赢家创意融合餐厅、Puton · 咖啡
园区游玩攻略： 一楼 NEX 展厅不定期有轮换艺术展，关注 NEX 意巷公众号，获取最新资讯

红桥区

三河五岸 津卫摇篮

近代中国看天津，天津寻源在红桥。红桥区是一个因运河而生，依运河而兴的中心城区，是天津城市、商业、民族工业和近代教育的发祥地，素有“津卫摇篮”之美誉。子牙河、南运河、北运河穿区而过，于三岔河口交汇入海河，形成区域内“三河五岸”的独特地理优势。古老的“大红桥”似一道彩虹飞架于子牙河上，红桥区因此而得名。

红桥区有着得天独厚的自然风光，西沽公园古木参天、楼台林立、曲径通幽；桃柳堤运河滋养、景幽文胜、历史悠远。红桥区有吕祖堂遗址、北洋大学堂旧址等庄严厚重的历史遗存，有国家级爱国主义教育阵地——平津战役纪念馆，还有以其幽默的语言传承着传统相声曲艺文化的谦祥益文苑，以及陆家嘴商业广场、鹏欣水游城等一批集休闲娱乐、餐饮购物于一体的现代化休闲旅游区，吸引着来自四面八方的游客。

平津战役纪念馆 景区等级：AAAA

平津战役纪念馆是全面展现平津战役取得的伟大胜利的专题性纪念馆。1997 年 7 月 23 日建成开馆，馆名由聂荣臻元帅题写。纪念馆占地面积 4.7 万平方米，建筑面积 1.4 万平方米，由胜利广场、主展馆、多维演示馆和军威园四部分组成，是缅怀革命先烈、开展党史学习教育的生动课堂。开馆以来，先后被授予全国爱国主义教育示范基地、全国国防教育示范基地、全国青少年教育基地、全国红色旅游经典景区、国家一级博物馆、全国文明单位等 60 多项荣誉称号。

小贴士：

景点地址： 天津市红桥区平津道 8 号
交通情况： 地铁 1 号线（勤俭道站）；37、47、48、676（北线）、800、860、879、907、911、952、961、962 路（洪湖里站）
开放时间： 9:00—16:30（16:00 停止入馆；周一闭馆，逢法定节假日正常开放）
门票价格： 免费
周边景点： 红桥公园（0.2 千米）| 子牙河堤岸公园（1.1 千米）| 西沽公园（2.5 千米）
附近美食： 贵发顺饭庄、天盛号饭庄、热海饭庄、洪湖里拉面总店
咨询电话： 022-26426255、26535412
预约通道： www.pjcmm.com

扫描二维码关注“平津战役纪念馆”微博公众号

吕祖堂（天津义和团纪念馆） **景区等级：AA**

吕祖堂曾是永丰屯李氏家族的祠堂。清康熙五十八年（1719 年）修葺后，改为吕祖庙观，定名为“吕祖堂”。主要建筑有山门、前殿、后殿和五仙堂。前殿匾额上书“纯阳正气”四字，供奉吕洞宾，后殿和五仙堂原是供奉北斗元君和道教“北五祖”的殿堂。山门外西侧建有一尊通体高 6.4 米的义和团勇士群雕铜像，前后殿之间的月台是当年义和团练拳习武的地方。如今，后殿作为义和团运动史展厅，五仙堂则被开辟为义和团坛口的复原陈列展区，主要展示义和团首领当年在此拜坛、议事的场景。

小贴士：

景点地址： 天津市红桥区芥园道与怡华路交口

交通情况： 地铁 6 号线（人民医院站）；52、634、669、800、865、672、836、837、856、907、676（北线）路（吕祖堂站）

开放时间： 周二至周日 9:00—16:00

门票价格： 免费

周边景点： 西沽公园（4.7 千米）| 天津之眼（3 千米）

附近美食： 同发号饭庄、清真利德顺小老饭庄、恩来顺、津味菜馆

咨询电话： 022-27573656

三条石历史博物馆　**景区等级：AA**

三条石历史博物馆以翔实的史料、丰富的文物和照片，生动形象地概括介绍了三条石地区铸铁工业作坊的兴起及其特点，记叙了三条石地区铸铁和机器业兴衰的历史过程，是深入了解天津工业的链接点。其中福聚兴机器厂旧址是三条石地区唯一保留下来的反映天津市机器制造业形成、发展进程的历史遗存，也是天津市现存较为完整的工业遗产之一。

小贴士：

景点地址： 天津市红桥区尚都家园公建 14-3
交通情况： 5 路（三条石站）；651 路（河北大街站）
开放时间： 9:30—11:30，14:00—16:00（周一闭馆）
门票价格： 免费
周边景点： 天津之眼（0.3 千米）| 三岔河口（0.6 千米）| 大悲禅院（0.7 千米）
附近美食： 李静庵烤鸭、慈悲素食餐馆、义盛合饭庄、摩天轮夜市
咨询电话： 022-27270970

西沽公园　　**景区等级：AAA**

西沽公园坐落于红桥区东北部，占地面积约 35 万平方米。其前身是清代老三营“西沽武器库”的一部分，1958 年 4 月经天津市政府批准辟为公园。在津门七十二沽中，以“三沽”即直沽、西沽和丁字沽的历史最为悠久，西沽以其优越的地理位置及独特的人文历史常列“三沽”之首。西沽公园生态绿化覆盖率列全市各大公园之首，园内古木参天，楼台林立，小桥流水，曲径通幽。拥有植物 230 余种，多数为原生植物，富有原生态的“野趣”，是市区内难得的生态科普基地。其历史文化积淀居全市各大公园之冠，园内有康熙、乾隆的御笔题诗、其他文人的墨迹，留下无数名人佳话和名篇佳作。

小贴士：

景点地址： 天津市红桥区红桥北大街 3 号
交通情况： 地铁 1 号线（洪湖里站）；906、855、22（东线）、34、602、622、869、879 路（西沽公园站），5、10、852、859（西沽站）
门票价格： 免费
开放时间： 6:30—22:00
周边景点： 北洋园（0.5 千米）| 桃花堤（1 千米）| 南普公园（1.4 千米）
附近美食： 津门大排档、川鲁饭庄、肘子酥
咨询电话： 022-86516925

北洋大学堂旧址（河北工业大学校史馆）

“北洋大学堂”成立于 1895 年，作为当今国内高等院校天津大学的前身、中国近代高等教育的先驱，被誉为“东方的康奈尔”。现存北洋大学旧址建筑（南大楼、北大楼、团城、老校门）为全国重点文物保护单位。

河北工业大学校史博物馆坐落在北洋大学堂旧址南大楼，与北运河桃花堤相邻。2023 年 10 月，以学校建校 120 周年为契机，改造升级为河北工业大学校史博物馆，馆内展览以学校兴工报国的办学传统和“工学并举”的办学特色为主线，全方位展示了学校 120 年的奋斗历程，展现了河工人“以发明工业为宗旨，握实业界之霸权”的办学理念，成为追思历史、缅怀英烈、励志育人、传承文化的重要平台。

小贴士：

景点地址：天津市红桥区光荣道河北工业大学东院内
交通情况：地铁 6 号线（天泰路、外院附中站）；146、147、733 路（北洋桥站），855、34、602、622、733、879 路（栖霞里站）
开放时间：8:00—19:00
门票价格：免费
周边景点：西沽公园（0.6 千米）| 南普公园（0.8 千米）| 桃花堤（0.9 千米）
附近美食：高台阶涮羊肉、渔香小磨酒楼、肘子酥、川鲁饭庄、春雨羊汤

桃花堤

桃花堤又名桃柳堤，占地 12.9 万平方米，建有迎宾阁、五龙壁、九龙泉、莲池、长廊及照壁等景点，小桥流水，曲径通幽。桃花园内建有“御码头”，设有“乾隆皇帝登临处”石刻，另建有龙亭，内立一块石碑，正面刻有“桃柳堤”三个字，背面为桃柳堤碑记。桃花堤树种多数是桃树，其次是柳树，另有迎春、洋槐、竹子等植物间杂其间，微风吹来，“时有落花至，远随流水香”。人们到此游览，不仅能沐浴春光，尽赏烟景，而且能增长历史知识，受到文化熏陶。

小贴士：

景点地址：天津市红桥区北运河南岸（中环线勤俭桥头）
开放时间：6:30—22:00
门票价格：免费
周边景点：北洋大学堂旧址（河北工业大学校史馆）（0.9 千米）| 西沽公园（1.1 千米）
附近美食：登悦酒楼、味道东北、蜀风园

东丽区

湖光水色　津东丽象

东丽区，位于天津市中心城区和滨海新区之间，辖区内拥有国家 A 级景区 4 家，其中 4A 级 2 家，3A 级 2 家。

来东丽吧，徜徉东丽湖的氧吧绿地，恣意天津欢乐谷顶尖游艺，奢享温泉的养生泡浴，享受露营放松心情，体验水上运动激情，感受田园采摘乐趣。寻一段天津人的历史，尝一尝海河边的老味道。

东丽还有许多各具特色的参观景点，如天津市唯一一家以机床为藏品的私人博物馆，以体验项目为主的科普基地，还有文化气息浓厚的创意园，都可作为周末休闲的好去处。

东湖风景区　景区等级：AAA

东湖风景区占地面积 8 平方千米，水域面积达 6 平方千米，有神龟亭、云水驿、香榭桥、揽湖观景台以及 21 万平方米荷花塘等景点，是一片舒朗开阔、亲水宜人的水畔休闲空间。近年来，景区利用良好的生态资源，大力发展林下经济、赛事经济，先后引入在湖边帐篷营地、爱漫湖畔街区、天海风水上俱乐部等项目，打造更多旅游消费新业态。

小贴士：

景点地址： 天津市东丽区东丽湖路与智景东道交叉口东 150 米
交通情况： 663、694、720 路（东丽湖生态公园站）
开放时间： 8:30—17:00
门票价格： 免费
建议游玩时间： 4~5 小时
周边景点： 恒大温泉旅游度假区（3 千米）| 天津欢乐谷（4 千米）| 东丽湖花卉基地（9 千米）
附近美食： 树懒咖啡餐厅、树懒湖畔烤肉餐厅、壹绝筋饼豆腐脑、东丽湖恒大酒店
咨询电话： 022-84853055

天津欢乐谷　　**景区等级：AAAA**

天津欢乐谷占地面积 20 万平方米，由演艺中心、欢乐时光、维京海港、圣诞村四大主题游乐区组合而成。全园设置 30 余项趣味冒险、老少皆宜的游乐设施，以及 50 余个缤纷多彩、异域风情的主题景观。既有适合年轻人的动感刺激游乐项目：如全新超炫酷 Elloco 过山车——愤怒的小鸟；单轨超长的木质过山车——峡湾飞龙；也有适合全家游玩的开心转转杯、豪华转马；更有网红游乐项目——蹦客地带、疯狂甲壳虫，以及童趣盎然的海豚跳、欢乐星球大战、童趣堡等游乐项目；天空之城四大新项目带给游客全新的游玩体验。“津门英雄之霍元甲”、欢乐谷大巡游等精彩演艺项目为游客送上震撼欢乐的视听享受，365 天欢乐不间断。

小贴士：

景点地址：天津市东丽区东丽湖迎乐路 1 号
交通情况：118、663、696、720 路（欢乐谷东站）
开放时间：10:00—22:00（具体开放时间根据不同运营周期调整，详情请关注“天津欢乐谷”微信公众号）
夜场时间：17:00—22:00
门票价格：日场 230 元，夜场 170 元（冬季特惠：11 月 16 日至次年 3 月 14 日，日场 150 元）
周边景点：东丽湖 (3 千米)| 东湖公园 (1.5 千米)
附近美食：慕尼黑餐厅（欢乐谷园内）、摩天轮餐厅（欢乐谷园内）、肯德基、东丽湖恒大自助餐厅、天津东丽湖恒大酒店湘菜餐厅、大三元中餐厅
咨询电话：022-84977666
官网链接：http://tj.happyvalley.cn/
预约通道：扫描二维码，关注“天津欢乐谷”官方公众号

天津东丽湖恒大温泉旅游区　　景区等级：AAAA

天津东丽湖恒大温泉旅游区总占地面积 24.3 万平方米，2021 年获批国家 AAAA 级旅游景区，景区拥有豪华客房、会议设施、完备的娱乐及运动设施、特色温泉等服务配套设施，是一家个性化、高端化的度假区。

小贴士：

景点地址：天津市东丽区东丽大道 1037 号
交通情况：663、696、720 路
开放时间：全天（酒店）；10:00—23:00（温泉中心）
门票价格：平日 148 元 / 人，周末 168 元 / 人
周边景点：东丽湖（3 千米）| 东丽湖公园（1.5 千米）| 天津欢乐谷（0.5 千米）
附近美食：意境蒸汽海鲜、大三元中餐厅
咨询电话：022-58288888
预约通道：扫描二维码，关注“天津东丽湖恒大酒店”官方公众号

天津玛雅海滩水公园

天津玛雅海滩水公园以世界三大未解之谜之一的远古玛雅文明为主题，拥有占地面积 13000 平方米、浪高 3 米，可同时容纳 1 万人戏水游乐的玛雅风情造浪池——玛雅海滩；以海洋生物、丛林文化、玛雅文化为主题的儿童戏水区——欢乐岛；以及占地 3500 平方米、多彩缤纷的巨型水寨——卡巴水寨等，共有 27 项凉爽欢乐的水上游乐体验项目。项目搭载高规格水质处理技术系统，以欢乐缤纷的水上设备、人性周到的服务体验及安全舒适的水质保障，致力打造中国北方沉浸式水上主题度假范本。

小贴士：

景点地址： 天津市东丽区迎乐路 1 号
交通情况： 660、663、696、664、720 路（欢乐谷东站、天津华侨城欢乐谷站）
开放时间： 10:00—21:00（具体情况请扫码关注官方微信订阅号）
门票价格： 成人票 200 元 / 人
周边景点： 天津东丽湖恒大温泉旅游区（0.8 千米）| 东丽湖生态体育公园（1.5 千米）
附近美食： 肯德基、玛雅餐厅、海滩餐厅、雨林餐厅
咨询电话： 022-84977666、022-84977766
预约通道： 扫码关注官方订阅号
官方网址： https://tj.happyvalley.cn/

老姆庙

老姆庙为明代建筑，距海河北岸 200 米，旧称海神庙。庙门两侧塑哼哈二将像，大门外侧两边角楼里分别供奉着土地爷和文昌帝君。院内正中央是一座漆成黑色的铸铁三重宝塔，正殿两旁有两株参天古树。正殿供奉老姆娘娘，匾额上书“广佑群黎”四字。正殿左右两厢还供奉着文殊菩萨、普贤菩萨、地藏王菩萨、十殿阎君、送子娘娘等。院东侧的武圣殿里供奉关羽、周仓、关平、药王以及岳飞。1992 年老姆庙被东丽区人民政府列为区级文物保护单位，2006 年 10 月 16 日，老姆庙被确定为天津市历史风貌建筑。

小贴士：

景点地址： 东丽区无瑕街老袁庄村
交通情况： 211 路（津塘二线站）
开放时间： 8:00—18:00
门票价格： 免费
周边景点： 东丽博物馆（3.8 千米）| 天津时代记忆馆（6.5 千米）
附近美食： 邢记包子、宝德福酒家、立业花园酒店餐饮

天津机床博物馆华明馆

天津机床博物馆华明馆建于 2017 年，馆藏瑞士、德国、美国、苏联等十几个国家制造的机器 100 余台，另有老缝纫机、老电话等民用机械 500 余件。通过这些“会说话的机器”，倾力打造一个探源历史根脉、讲述百味故事、留存工业遗产、见证时代变迁的生动载体。其中有天津海鸥手表厂制造第一块手表时使用的铣床、“二百岁”的制鞋缝纫机以及世界上最早的印刷机等，都堪称精品。一台台沉默的机器，承载着一段段厚重的历史，在灯光的照射下泛着金属光泽，散发出鲜活灵动的生命气息，用无声的语言和人们对话。

小贴士：

景点地址：东丽区华明镇弘顺道东段科创慧谷园 5 号楼
交通情况：751、690、818、461、462 路（华明镇站）
开放时间：周三至周日 9:00—16:00
门票价格：免费
周边景点：东丽郊野公园（6.6 千米）| 天津欢乐谷（7.8 千米）
附近美食：千岛湖大鱼头、正阳春烤鸭、津门羊大爷、兰州牛肉拉面
咨询电话：022-58666639
网址：http://www.tj-jcbwg.com/

西青区

崇文尚武 活力之城

西青区位于天津西部，交通便捷、文化闻名、精武传世，是津门旅游胜地，市级全域旅游示范区。

“先有杨柳青，后有天津卫”。千年古镇杨柳青，历史底蕴深厚，是天津重要的文化名片，是一座诗情画意的北方古镇；这里有世界遗产京杭大运河；这里有中国商贸史上的奇迹——杨柳青人赶大营；这里孕育了中国第一种进入宫廷的民间年画——杨柳青年画；这里还是天津最有年味的地方，举办了27届的杨柳青元宵灯展，是享誉全国的春节文化活动品牌。爱国武术家霍元甲，是天津的另一张文化名片，精武门 • 中华武林园、大型舞台剧《武传奇之霍元甲》，生动诠释了爱国、修身、正义、助人的尚武精神和中华文化的风骨。

目前，全区有国家A级旅游景区13处，国家级乡村旅游重点镇1个，国家级乡村旅游重点村4个，国家级旅游休闲街区1个，市级乡村旅游景区10个，市级工业旅游基地14个，非遗文化项目81个。这里还拥有石家大院、曹庄花卉市场、热带植物观光园等一批成熟的旅游景区，大美稻香王稳庄稻香农谷景区、丰收塔景区、生态六埠、瓷艺园等一批网红打卡地。西青是古老的，又是现代的。西青是绿色的，又是时尚的。魅力西青，活力之城，欢迎您！

杨柳青古镇景区

杨柳青古镇位于西青区杨柳青镇中心，古镇人杰地灵、民风淳朴、历史悠久、文化丰富，素有“北国江南”“沽上扬州”的美誉。

作为一个具有千年历史的文化古镇，杨柳青古镇拥有以京杭大运河杨柳青段为代表的运河文化，以《莲年有余》为代表的年画文化，以石家大院、安家大院、如意大街等为代表的大院文化，以开拓津疆军营商史为代表的赶大营文化，还有文昌阁、普亮宝塔等历史遗存。宝藏古镇诚邀大家前来，共同感受北方民俗小镇的风情。

小贴士：

景点地址： 天津市西青区杨柳青镇
交通情况： 175、824、672、669、603 路（石家大院站）
开放时间： 8:30—17:00
门票价格： 75 元（石家大院、民俗文化馆、安家大院、年画馆四馆联票）
周边景点： 杨柳青庄园（3 千米）| 平津战役前线指挥部旧址陈列馆（1 千米）
附近美食： 犟骨头排骨饭、万和居饭店、老城味道、惠源餐厅、石府老味道、星巴克咖啡、瑞幸咖啡
咨询电话： 022-27947886
预约通道： 扫描二维码，关注“杨柳青古镇”或“天津西青区旅游集散中心”公众号

石家大院（天津杨柳青博物馆） 景区等级：AAAA

石家大院，原系清末天津八大家之一石元士的住宅。石家大院大规模建筑始于 1875 年，整个建筑东西宽 100 米，南北长 100 米，占地 7500 平方米，其中建筑面积 3552 平方米，有 18 个院落，是华北地区保存较好、独具特色的大型清代民宅。其中石府戏楼堪称“民宅一绝”，不容错过，而石府花园景色秀美，宛若苏杭园林，亦不可不看。

石家大院内展陈丰富，包括天津婚俗展、天津商俗展、杨柳青年画砖雕展、水局复原展、手工剪纸展、杨柳青灯箱画展以及石府复原展，让您畅游在天津传统文化长河之中。

小贴士：

景点地址： 天津市西青区杨柳青镇估衣街 47 号
交通情况： 175、824、672、669、603 路（石家大院站）
开放时间： 4—10 月：8：30—18：00（前 1 小时停止售票）
11—3 月：8：30—17：00（前 1 小时停止售票）
门票价格： 25 元
周边景点： 安家大院（0.1 千米）| 杨柳青年画馆（0.2 千米）|
平津战役天津前线指挥部旧址陈列馆（0.4 千米）
附近美食： 万和居饭店、老城味道、惠源餐厅、石府老味道
咨询电话： 022-27391617

安家大院

安家大院坐落于杨柳青镇估衣街北，始建于清同治年间，已有 150 年历史。宅院主人安文忠是杨柳青“赶大营”第一人，是他带动了“民助军需”，以全新理念支援清军将领左宗棠部远征收复新疆，以维护祖国统一。

安家大院占地 1000 多平方米，三套四合院完全按照修旧如旧原则，保持原貌，陈列明清及民国家具精品数百件，从中可以了解明清家具向民国家具的演变过程以及民国家具逐渐欧化洋化的节点。

小贴士：

景点地址： 天津市西青区杨柳青镇估衣街 28 号
交通情况： 175、824、672、669、603 路（石家大院站）
开放时间： 9:00—17:00
门票价格： 20 元
周边景点： 石家大院（0.1 千米）| 平津战役天津前线指挥部旧址陈列馆（0.4 千米）
附近美食： 万和居饭店、老城味道、惠源餐厅、石府老味道
咨询电话： 022-27915591

平津战役天津前线指挥部旧址陈列馆

平津战役天津前线指挥部旧址陈列馆原为一所四合院式民宅，总面积为 384 平方米。1948 年 12 月至 1949 年 1 月解放天津战役时，中国人民解放军平津战役天津前线指挥部曾设在这里。

该馆是天津市文物保护单位、天津市爱国主义教育基地，具有重大的历史意义，展现了解放军指战员在解放天津的战斗中，浴血奋战，英勇顽强，前赴后继，为了天津人民的解放，作出卓越贡献的英勇气概和光荣事迹。

小贴士：

景点地址： 西青区杨柳青镇药王庙东大街 4 号
交通情况： 672、175、153 路（杨柳青总站）
开放时间： 周一到周日，5 月 4 日—10 月 7 日（9:00—17:00），
10 月 8 日—5 月 3 日（9:00—16:30）
门票价格： 无须买票，凭身份证参观
周边景点： 石家大院（0.4 千米）| 安家大院（0.4 千米）| 杨柳青民俗文化馆（0.7 千米）
附近美食： 阿甘正串、万和居饭店、石府老味道、犟骨头排骨饭、老城味道、懿百味
联系电话： 022-27391551

精武门·中华武林园　**景区等级：AAAA**

精武门 • 中华武林园坐落在一代武术大师霍元甲的故乡，是集国内外武术文化交流、爱国主义教育、旅游、影视基地于一体的世界精武文化中心。园内包括“一馆一园”，即霍元甲纪念馆、霍元甲纪念园。其中，霍元甲纪念馆为三层建筑，太极图结构，馆内全面系统地展示了霍元甲的传奇一生和精武会的创建发展历程；霍元甲纪念园供各国精武友人和各界人士前来敬仰祭拜。

小贴士：

景点地址： 天津市西青区精武镇团泊大道与荣华道交口以南 300 米
交通情况： 162、667 路（精武门中华武林园站）；712 路（京华桥站）
开放时间： 8:30—17:00
门票价格： 60 元
周边景点： 精武公园（1.8 千米）
附近美食： 私家典藏妈妈菜、又一福大酒楼、峰厨大鱼泡饼、小四川餐厅、精武汇酒楼
咨询电话： 022-87841118、87841119

微信公众号二维码

天津霍元甲学校

坐落于精武镇的霍元甲学校是文旅部下设的全国首家涉外武术培训基地，也是天津精武会和天津迷踪拳研究会所在地。学校现有师生近 2000 人，设有武术、散打、跆拳道、空手道、柔道、跳水、体操、射箭等 14 个训练项目，推出大型功夫舞台剧《武传奇之霍元甲》，让国内外人民更加了解中国武术之乡，在中外文旅交流中作出了突出贡献。

小贴士：

景点地址：天津市西青区精武镇京华道
交通路线：365 路（荣华道站）；365、712 路（小南河村路站）
开放时间：周一至周日 8:30—17:30
门票价格：免费
天津霍元甲文武学校网址：http://www.hyjwx.com/
《武传奇之霍元甲》网址：http://www.hyjwx.com/class/42

生态六埠

生态六埠位于西青区辛口镇第六埠村，从市中心开车来这里约 40 分钟，交通便利。生态六埠地处子牙河、大清河、独流减河“三河交汇”处，拥有得天独厚的地理环境和气候条件，这里河畅、水清、岸绿、景美，是城市的天然氧吧。生态六埠属于近郊地区，是短途出行、缓解都市生活疲惫的绝佳之地。

小贴士：

景点地址： 天津市西青区辛口镇第六埠村第六埠路与通春道交叉口西 400 米
交通情况： 758、163 路（第六埠站）
开放时间： 8:30—17:00
门票价格： 单日露营不过夜 20 元 / 人，单日露营过夜 30 元 / 人
周边景点： 水高庄园（8.4 千米）| 玉佛禅寺（7.9 千米）| 天津沙窝萝卜文化体验馆（7.7 千米）
附近美食： 盛合饭店、国邦饭店、新顺农家院、满园香饺子馆、聚香园锅贴
咨询电话： 13820582708
预约通道： 关注“莲润六埠”或“第六埠村务平台”公众号，发送“预约”

瓷艺园　　景区等级：AAA

瓷艺园坐落于天津市西青区中北镇，园区建筑面积 3690 平方米，古瓷贴塑面积万余平方米。园区以十亿片古瓷片与千年瓷文化为依托，将中华瓷文化与手工技艺相融合，以古瓷镶嵌景观、艺术品陈列，以非物质文化遗产古瓷镶嵌制作技艺为展示核心，是一处集观光游览、文化交流、史学研究、科普教育于一体的文化胜地。

瓷艺园-抖音号　　瓷艺园-公众号　　瓷艺园-视频号　　瓷艺园-企业微信

小贴士：

景点地址： 天津市西青区中北镇西苑别墅 B 区 13 号
交通情况： 867 路（步行 3 分钟到达景区），616、681、845、911、686 路（景区免费停车）
开放时间： 周二至周日 9:00—18:00（17:30 停止入园；每周一闭馆，节假日除外）
门票价格： 成人 66 元；学生 / 儿童 / 老人 / 残疾人 / 军人 33 元（1.2 米以下儿童免票）
周边景点： 曹庄花卉市场（3.7 千米）| 航天生物科普园（4 千米）
附近美食： 津门福嘉四季烤鸭店、唐 • 碳火烤肉、八号码头蒸汽海鲜、姚村夜市
咨询电话： 022-89789999、022-26628888
预约通道： 微信公众号、抖音、携程、美团、大众点评、同程旅行

水西公园

水西公园是天津市区最大的湿地公园，占地面积 140.57 万平方米，其中水体面积 42.73 万平方米，陆地面积 97.84 万平方米，拥有森林、湖泊、草坪和湿地等生态资源，是都市中开放性的生态空间。

水西公园汲取天津园林文化中的精粹，在总体空间结构特征下，建有藕香榭、屋南小筑、侯月舫、数帆台等 21 个园中园，景点以新中式风格为基调，突出了“黑、白、灰”的优雅色调，“轻、雅、秀”的建筑体量和“情、神、趣”的园林意境，使公园成为富有生机的城市舞台。

小贴士：

景点地址：天津市西青区侯台
交通情况：616、681、845、 911 路（碧岭园站）
开放时间：6:00—19:00
门票价格：免费
周边景点：天津热带植物观光园（3.5 千米）| 长虹公园（3.7 千米）| 水上公园（5 千米）
附近美食：食尚湘天福、春和 • 悦餐厅、正阳春、李家大院、家湘码头

杨柳青庄园　**景区等级：AAAA**

杨柳青庄园依附十子牙河和大柳滩生态园，是一个保留着乡土气息的天然大氧吧，整个庄园占地近 700 亩（1 亩约合 666.7 平方米），绿地占有率达 90% 以上，是集住宿、餐饮、会议、娱乐、购物、垂钓、游览于一体的大型休闲、度假旅游景区。

杨柳青庄园绿树如茵，游客在亲近自然的同时，也可以体验到各种惊险刺激的娱乐设施，包括探险谷、无动力乐园、游船、古宅惊魂、狂野过山车、密室逃脱、小火车、高空滑索、卡丁车、旋转木马、碰碰车、转转椅等多项娱乐项目。

小贴士：

景点地址： 天津市西青区杨柳青镇北津同公路 20 号
交通情况： 361 路（杨柳青庄园站）、自驾
开放时间： 3 月 1 日—11 月 15 日 8:00—17:00
门票价格： 20 元
周边景点： 石家大院（3 千米）| 杨柳青民俗文化馆（4 千米）| 安家大院（3.1 千米）
附近美食： 石府老味道、万和居饭店、帝锦大酒楼
咨询电话： 022-27921666

中北镇运河文化旅游区

中北镇运河文化旅游区内有华北地区最大的花卉集散地、全国农业旅游示范点——曹庄花卉市场（花艺馆、水族馆、户外绿植区苗木区、生活馆），运河文化广场，以科普教育为引领的航天生物科普园，中天煋河村露营基地、耶相遇宠物主题营地以及博润思马术俱乐部等，是一个集旅游观光、休闲娱乐、科普教育为于一体的综合性旅游区。

抖音

微信

小贴士：

景点地址： 天津市西青区中北镇外环西路 7 号桥北 300 米
交通情况： 地铁 2 号线（曹庄站）；366、616、620、645 路（曹庄花卉站）
开放时间： 曹庄花卉：9:00—17:00；耶相遇宠物主题营地：10:00—21:00
中天煋河村露营基地：24 小时；博润思马术俱乐部：8:00—18:00
周边景点： 瓷艺园 (3.7 千米)|NSC 新运动中心（大口 Live)(4 千米）
附近美食： 津菜典藏、津沽市集、大吉利潮汕火锅、大渔铁板烧、娜娜家、渝湘江南、大铁勺
咨询电话： 022-27912712

小红书

社会山文旅港

社会山文旅港，坐落于天津南站旁，是集地产开发、酒店住宿、会议会展、餐饮娱乐、时尚购物、旅游购物、儿童探索、民国文化体验、学术艺术交流等于一体的全业态文旅旗舰产品，从吃、住、行、游、购、娱六大方面，满足并提升顾客的消费感受和体验。

其中民国物语展览馆文化特色最为突出，该馆是天津首家以民国社会历史故事为主题的独立艺术展览空间。通过现代化的艺术表现手法呈现民国时期的社会历史变迁与浮光掠影，传达民国时期独有的“传统与现代”“西洋与东方”“复古与潮流”的多元性与碰撞感。

小贴士：

景点地址：天津市西青区知景道与枫雅路交叉路口往东约 100 米
交通情况：180、758、587、589、707 路（社会山中心站）
开放时间：10:00—20:00
周边景点：民国物语展览馆（0.1 千米）| 社会山冰雪嘉年华（0.2 千米）| 张家窝镇中心公园（0.7 千米）
附近美食：渝湘江南、喜茶、茉酸奶、DQ 冰激凌、金喜娜自助烤肉、蜀留香、萨莉亚

乐家老铺药酒博物馆

乐家老铺的继承者达仁堂京万红药业创建了集药酒酿制、药酒文化、中医药文物收藏、艺术品创作、参观者品购于一体的乐家老铺药酒博物馆。作为国内第一家以药酒为主题的博物馆，该馆先后被认定为“天津市工业旅游示范点”“国家中医药文化宣传教育基地”和“国家中医药健康旅游示范基地创建单位”。该馆中医药文化和药酒文化特色显著，展览内容丰富，展品无论从文物价值还是艺术品鉴赏方面，都异彩纷呈。

小贴士：

景点地址： 天津市西青区大明道 20 号
交通情况： 367 路（营瑞路站），308 路（大明道营德路站），快速 2 路、909 路（大明道站）
开放时间： 工作日 9:00—16:00
门票价格： 免费
周边景点： 曹庄花卉（3.6 千米）| 平津战役纪念馆（4.9 千米）
附近美食： 红旗饭庄、同发号饭庄、清真宴宾楼
咨询电话： 022-27795500
预约通道： 电话预约参观

津南区

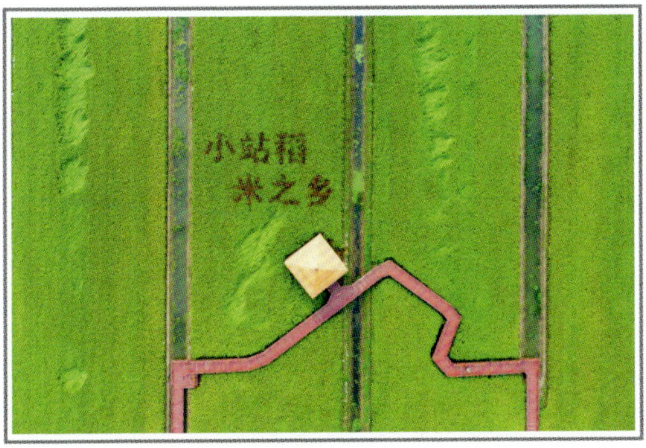

古驿新区 生态宜居

津南区位于天津市东南部，海河中下游南岸。这里集妈祖文化、稻耕文化、近代军事义化、湿地生态文化和现代都市文化于一身，历史悠远，文化璀璨，旅游资源丰富。

区内现有 AAAA 级景区 1 家，AAA 级景区 2 家，AA 级景区 1 家，四星级饭店 1 家，三星级饭店 1 家，旅行社 33 家，规模酒店 20 余家。主要有天山海世界 · 米立方、小站练兵园、时代记忆馆、中华石园、佳沃世界等景区，迎新村、前进村、西小站村、会馆村、月桥村等特色旅游村以及小站稻田景观区、小站稻作展览馆、海河教育园区、观照轩等特色旅游点位。近年来，绿色生态屏障建设的深入推进，使得津南区形成了绿屏 · 辛庄湾、咸水沽湾、八里湾、双桥河湾等多个特色生态景观。随着国家会展中心的落地建成，津南区旅游服务业正以崭新面貌，喜迎八方来客。

津南，物华天宝、人杰地灵，自然与生态、人文与历史，多种元素在这里碰撞、交融，为您展现一座绿色、通达、开放、创新、宜居的活力之城。

小站练兵园　**景区等级：AAA**

小站练兵园为国家 3A 级景区，是天津市爱国主义教育基地、国防军事教育基地，是天津市“近代中国看天津”项目之一。占地面积 9 万余平方米，主要景点包括城墙、讲武堂、军事博物馆等。以小站练兵史实为基础，以天津近代文化、小站稻文化为脉络，以历史展示和情绪体验为互动性的核心功能，是兼具教育、休闲、会议功能的故事主题型历史文化旅游区。

小贴士：

景点地址： 天津市津南区小站津歧路东前营路
交通情况： 652、208 路（小站医院站）
开放时间： 周二至周日 9:00—17:00
门票价格： 50 元
周边景点： 天山海世界 · 米立方（1.7 千米）| 望海山（7.0 千米）| 海河故道公园（8.4 千米）
附近美食： 小站宴、稻田里、尚品家宴餐饮店、湘厨一号、津门羊大爷火锅、靠山屯铁锅炖、宴禧酒楼、海丰源食府、环宇大酒楼
咨询电话： 022-88633369

津南区绿色生态屏障区

绿屏 • 咸水沽湾——“美景花映树、小站稻香浓”

绿屏 • 咸水沽湾东临老海河，南至天津大道，西接国家会展中心，北依海河，占地面积 7710 亩（1 亩约合 666.7 平方米），造林绿化 6710 亩，其中林地 5280 余亩，生态水面 1430 亩，小站稻田约 1000 亩，林水比例约为 8: 2。栽植白蜡、柳树、绚丽海棠、紫薇等乔灌木 40 余万株，形成“美景花映树、小站稻香浓”的自然风格。

小贴士：

景点地址： 天津市津南区天津大道与尚德路交叉口
交通情况： 地铁 1 号线 (东沽路站)
开放时间： 全年
门票价格： 免费

绿屏 • 辛庄湾——“绿树前池静、水畔荷香情”

绿屏 • 辛庄湾东临宁静高速，南临天津大道，西临机场大道，北依海河，占地面积约 5500 余亩，造林绿化 5020 余亩，其中林地 3370 余亩，生态水面 1650 亩，小站稻田 175 亩，林水比例约为 7: 3。栽植国槐、白蜡、金枝槐、金叶榆、桃树、梨树等乔灌木、果木约 37.7 万株，形成“绿树前池静、水畔荷香情”的自然风格。

小贴士：

景点地址： 天津市津南区辛柴路
交通情况： 地铁 1 号线 (北洋村站)
开放时间： 全年
门票价格： 免费

绿屏 • 双桥河湾——“林深泛五色、花草相映红”

绿屏 • 双桥河湾东临小黑河，南至武警训练基地，西接汉港公路，北依海河，占地面积2400余亩，造林绿化2100余亩，其中林地1400余亩，生态水面700亩，林水比例约为7:3。栽植国槐、白蜡、金枝槐、金叶榆、枣树、海棠等乔灌木、果木约15万株，形成“林深泛五色、花草相映红”的自然风格。

小贴士：

景点地址：天津市津南区双桥河镇
交通情况：211路(宝成博物苑站)
开放时间：全年
门票价格：免费

绿屏 • 八里湾——“绿水映青山，四季景不凡”

绿屏 • 八里湾位于津南区西南部，总占地面积3万余亩，遵循“宜林则林、宜田则田、宜水则水”的原则，结合原有地形地貌，形成田水相依相映、人与自然和谐共生的美好景象。林田水比例约1:1:1。建设有一万亩的小站稻种植示范区，一万亩林地，一万亩生态水域，走进八里湾，湖岛相间、水光波动、蓝绿交织，生态气息扑面而来，形成“绿水映青山，四季景不凡”的独特生态美景。

小贴士：

景点地址：津南区八里台镇大孙庄村北
交通情况：216、219路(大孙庄小学站)
开放时间：全年
门票价格：免费

国家会展中心（天津）

国家会展中心（天津）由商务部和天津市政府合作共建，是商务部继广州、上海之后在全国布局的第三个国家级现代化展馆。

国家会展中心（天津）体量庞大、造型规整，集展览、会议、商业、办公、酒店功能于一体。展馆拥有高规格的国家会议中心及100余间不同规格、功能齐备、设备先进的会议室、贵宾室，是承接国家主场外交活动，举办国家级、国际化展览和会议的理想场地，也是中国北方展览面积最大、使用体验至佳、全球领先的绿色智慧会展综合体。

小贴士：

景点地址： 天津市津南区国展大道888号
交通情况： 地铁1号线（国家会展中心站）
周边景点： 津南区绿色生态屏障区（2.2千米）| 海河故道公园 （4千米）
附近美食： 登瀛楼饭庄、津沽沁园、盛兰居饭庄、宝德福酒家

时代记忆馆　景区等级：AAA

时代记忆馆整体占地 5400 平方米，由时空殿堂、革命史展厅、长征万里图展区、时代回忆展厅及红色主题会议室等构成，时空殿堂以红色文化的传承、传递、传播为方向，以 1921—1949 年时间轴为主线，展现从建党到新中国成立的光辉历程。通过馆藏史料的追忆，弘扬社会正能量，强化初心教育，推动文化传承，从而引导青少年知晓担当，增强民族自豪感，提振拼搏向上的精神。

2014 年被天津市关工委授予革命传统教育基地称号，目前已成为天津市重要的爱国主义教育基地之一。

小贴士：

景点地址： 天津市津南区葛沽镇天津大道葛万公路出口处
交通情况： 629、131、627 路（葛沽站）；204 路（荣水园站）
门票信息： 100 元
开放时间： 周二至周日 9:00—16:30
周边景点： 56 个民族非遗保护传承中心（0.2 千米）| 佳沃世界（4.9 千米）
附近美食： 瀛顺包子铺、赵大肚子烧麦、旭年餐馆、大航渔府
咨询电话： 022-58088341
网址： www.shidaijiyi.com

中华石园　景区等级：AA

中华石园始建于 1995 年，占地面积 6.7 万平方米。院内精心栽种珍稀花卉、绿植，营造出秀园雅致、别有洞天的园林景观。园内建有听石轩、奇石馆、石泉洞等风格迥异的藏石馆，汇集我国名山大川、东西南北的珍稀奇石，千姿百态、绚丽多彩。中华石园得名于一块重达 3 吨、酷似中华版图的灵璧巨石，2001 年经上海吉尼斯总部批准入选为私人建造最大规模藏石园。

小贴士：

景点地址： 天津市津南区微山路与外环线交口
交通情况： 地铁 1 号线 (双林站)，地铁 6 号线 (渌水道站)；859、304 路 (浯水道站)
开放时间： 8:00—18:00
门票价格： 20 元
周边景点： 珠江公园（2.5 千米）| 曲江公园（2.7 千米）
附近美食： 豫章食府、再遇江西菜、环美大酒店、津點小馆疙瘩汤

天山海世界·米立方 景区等级：AAAA

天山海世界 • 米立方占地 8.7 万平方米，为华北地区规模、功能位于一线的室内恒温水上主题乐园。因其外观形似一颗晶莹剔透的大米，且乐园中的造浪池能造出多达 24 种不同的海浪，据此命名。特色项目包含造浪池、漂流河、冲天回旋滑道、巨兽碗滑道、天池温泉、亲子戏水区等，集惊险、刺激、动感、娱乐、休闲于一体，是家庭游玩的首选之地，是孩子们的开心乐园，更是年轻人的娱乐先锋地。

小贴士：

景点地址： 天津市津南区小站镇天山路 9 号
交通情况： 652、221、208 路（米立方站）
开放时间： 7 月 1 日—8 月 31 日 10:00—21:00；9 月 1 日—次年 6 月 30 日 10:00—17:30；每周一闭馆（法定节假日除外）
门票价格： 成人票：160 元、儿童票：60 元（5 月 1 日—8 月 31 日）
成人票：100 元、儿童票：30 元（其他时间）
周边景点： 津南 • 小站钻石公园（0.5 千米）| 小站练兵园（1 千米）|
小站稻会馆种植核心区（4.3 千米）
附近美食： 环宇大酒楼、恩来顺火锅、宴禧酒楼、海丰源食府、徐村人家鱼头泡饼、辣椒炒肉饭店
咨询电话： 022-28526666
预约通道： 关注“天山海世界 • 米立方文化旅游城”官方公众号

周公祠

周公祠建于 1890 年，是天津市文物保护单位，《中国名胜大词典》中的著名遗址，占地 8800 平方米。该祠为小站稻拓植人周盛传家祠，共 3 座大殿，分别是中殿、东殿和西殿。历史上，逢农历三月二十八日和七月二十八日，小站地区群众于小站稻下种和收割前在周公祠内举行庙会，开锣演戏，是时商旅云集，贸易活跃。

小贴士：

景点地址：天津市津南区小站镇会馆村
交通情况：209 路东环（小站第四小学站）；652 路快线（小站南付营路站）
周边景点：小站练兵园（2.4 千米）
附近美食：谦禾宴酒楼、正阳春烤鸭店、鸿福轩酒楼

小站稻作展览馆

小站稻作展览馆是具有科普展教功能的农业类型展览馆，是集稻作历史文化、水稻种植、民俗风情、科普体验于一体的多元化综合型特色展示馆，体现了中国特色稻作文化底蕴。是“中华人民共和国农业农村部全国新型职业农民培训示范基地”“中华人民共和国农业农村部中国重要农业文化遗产”“天津市劳动教育示范基地”“天津市五爱教育基地”“天津市科普教育基地”。

小贴士：

景点地址： 天津市津南区小站镇盛塘路与津岐路交口
交通情况： 652 路北线（米立方站）
开放时间： 目前仅接受预约参观，仅周六、日接待散客
门票价格： 50 元，讲解费 100 元
周边景点： 小站练兵园（0.5 千米）| 海河故道公园（8 千米）| 月牙河公园（8.3 千米）| 天山海世界米立方（1.1 千米）
附近美食： 海丰源大食府、环宇大酒楼、宴禧酒楼、万豪火锅烧烤
咨询电话： 022-88633369

北辰区

御河两岸　人杰地灵

北辰区作为天津旅游规划中的近郊都市休闲目的地，依托国家 4A 级旅游景区天士力大健康城、国家 3A 级景区万源龙顺度假庄园，以及曙光水镇文化旅游区、北辰郊野公园等旅游景区及乡村旅游点，逐步发展以近郊都市休闲为主的旅游产品，形成了中东西“三个片区”，文化旅游、工业旅游、乡村旅游、生态旅游“四大品牌”。

北辰郊野公园

北辰郊野公园，占地面积 62 平方千米，是天津市规模最大的郊野公园。

公园沿北运河兴建了滨水景观带、果林风光带和农业观光带，配有停车场，占地 80 万平方米。分为房车露营、儿童娱乐、农耕体验、农家体验、行宫驿站五大功能区，营造出大绿、野趣、自然、生态、亲水的休闲娱乐环境。目前北辰郊野公园游玩项目有皮划艇、桨板、脚踏船、电瓶船等水上设施以及室外大型卡丁车、室内儿童卡丁车、攀岩、驿站等，游客可以尽情亲近大自然，彻底放松身心，嬉戏游憩。

小贴士：

景点地址： 天津市北辰区永定新河北堤旁
交通情况： 地铁 5 号线（北辰科技园北站）；749 路（北辰郊野公园站）
开放时间： 全天
门票价格： 免费
周边景点： 古镇双街（7 千米）
附近美食： 附近没有餐馆商店，游客可自带水和食物
预约通道： 无须预约，详情请关注公众号

双街果蔬采摘园

双街果蔬采摘园位于北辰区双街镇双街村，具备精品生产、科技创新、科普教育、休闲度假、文化创意等多项功能，在这里可以与孩子共享农趣。双街村与农业科研机构合作，成功引进并培育成功多种营养价值高的特色果蔬品种，在园内可以采摘有机草莓、黄瓜、西红柿、火龙果等十余种水果蔬菜……园区内逐步完善的项目功能分区与双街古街、紫御园、双街花卉博览园等运河精品线路的其他景观相辅相成，成为北运河北辰段运河景观带上另一特色化的乡村旅游产品。

小贴士：

景点地址：天津市北辰区双街镇双街村双新大道西侧 2 千米
开放时间：8:00—17:00
门票价格：免费（采摘按重量收费）
周边景点：双街花卉博览园（1.3 千米）| 紫御园（2 千米）| 古镇双街（2.2 千米）| 万源龙顺度假庄园（2.5 千米）
附近美食：天柱海鲜大饭店、正阳春、九田家

北运河水利风景区

北运河古称“御河”，沿岸的水文化建设丰富多彩，修建有滦水园、北洋园、御河园、娱乐园 4 座主题公园，河水清澈，堤岸翠绿，泄洪畅通，环境幽雅，被誉为全国首条“水文化之河”，也是全国首条被评为国家水利风景区的人工河。

其中，滦水园位于天津市北辰区天穆镇，原址为北运河故道，占地 8800 平方米，西接北运河，东临京津公路，是 2001 年北运河综合治理工程中最大的园林景观。因其设计主题为纪念引滦入津工程通水，故得名“滦水园”。

小贴士：

景点地址：天津市北辰区北辰路西 100 米
交通情况：37 路（辰远路公交站）
开放时间：全天
门票价格：免费
建议游玩时间：1~3 小时
周边景点：北辰公园（1.2 千米）| 南普公园（5.0 千米）
附近美食：马记烧麦、二园子烧烤、盛斋元酱牛肉

万源龙顺度假庄园　**景区等级：AAA**

万源龙顺度假庄园坐落于风景秀丽的北运河畔，地处外环线与京津公路交会处，交通便利，环境优雅。总占地面积千余亩，是集旅游住宿、特色餐饮、商务会议、康体娱乐、温泉洗浴、棋牌茶艺、垂钓采摘、农业观光于一体的大型旅游景区。

小贴士：

景点地址：天津市北辰区双街镇龙顺道西
交通情况：地铁 1 号线（刘园站）；607 路（双街新家园站）
门票价格：39.9 元（单人票），69.9 元（亲子套票）
周边景点：北辰郊野公园（5.5 千米）| 杨连弟公园（5.6 千米）| 平津战役纪念馆（11.2 千米）
附近美食：惠宾饭庄、正阳春、九田家

曙光水镇

曙光水镇是一处以水景为主的旅游景区，依靠“绿水青山”，发展“金山银山”的生态休闲旅游景区。景区分为水路和陆路两条游览路线，呈现“一湖二线五十六岛”的生态景观，园区动植物品类丰富多样，拥有荷花等观赏性水生植物百余种、观赏乔木种类百余种、花海面积 93 万平方米、观赏水禽 30 余种及萌宠动物 20 余种。走进曙光小镇，仿佛置身于自然的天堂，烟波画舫，泛舟水镇，真是“舟行碧波上，人在画中游”。

小贴士：

景点地址：天津市北辰区永定新河与龙凤河交汇处
交通情况：726 专线（东赵庄新家园站）
开放时间：8:00—22:00
门票价格：成人 50 元
周边景点：永寿寺（1 千米）| 圆梦湖景区（2.2 千米）

小淀国际当代艺术区

小淀国际当代艺术区依托天津美术学院，于 2016 年 11 月将原有旧厂房转型成为艺术区。艺术区占地面积 70038 平方米，重点围绕艺术家工作室、科技创意办公、艺术创意设计工坊、影视基地、非遗文化传承、艺术培训、艺术旅行等，依托大咖工作室的号召力培养与孵化青年艺术家，建成 130 多个科技艺术工作室，聚集 500 余位科技艺术达人，现已初步形成集油画、国画、雕塑、动漫、蜡像、沙画、版画、艺术设计、艺术网络直播、影视制作、科技艺术文化一体的综合性园区。

小贴士：

景点地址： 天津市北辰区津围线与北仓延长路交叉口往南约 150 米（云鼎花园东南侧约 200 米）
交通情况： 150 路区间（王朝酒厂公交站）
开放时间： 10:00—22:00
门票价格： 免费
周边景点： 小淀公园（0.6 千米）| 北辰郊野公园（7.7 千米）| 盐坨公园（7.7 千米）
附近美食： 山下有石牛排馆、纳嘉茶社、四间房私房菜

庞咀村五棵榆艺术馆

五棵榆艺术馆位于北辰区双街镇庞咀村，由著名艺术家左锋义老师在原有旧厂房的基础上重新设计建造，内有多幅左老师画作，以及 1000 余件来自国内外的收藏品。

走进五棵榆艺术馆，不仅可以感受到浓厚的艺术氛围，也可体会生命的蓬勃力量，在游览尽兴时也可挥毫泼墨，留下脑海中的奇思妙想，赋予旅行更多的意义。庞咀村的可玩之处不仅于此，还有海棠艺术园、琦麟小镇家庭农场和特色艺术民宿等，是一个集吃住玩于一体的旅游休闲乡村。

小贴士：

景点地址： 天津市北辰区双街镇庞咀村党群服务中心北侧
交通情况： 607、611、725 路（庞嘴站）
开放时间： 周一至周日 09:00—11:30；12:00—16:00（冬季）、12:30—16:00（夏季）
门票价格： 免费
周边景点： 万源龙顺度假庄园（5.2 千米）| 北辰郊野公园（8.5 千米）
附近美食： 惠宾饭庄、正阳春、九田家
咨询电话： 022-85100899

墅外桃源景区

墅外桃源景区占地 300 余亩，分游乐区、休闲区、采摘区三大区域。走入景区，迎面是一派清新自然的妙境。树木葱茏、小溪潺潺，颜色生动的帐篷三三两两点缀其间，让您休假出游的惬意更添几分。

墅外桃源可谓亲子出游的好去处，丰富有趣的游乐设施、妙趣横生的钓鱼游戏、增长知识的采摘活动，这些项目都是吸引小朋友的法宝。其实不只是小朋友，各个年龄段的家庭成员都能在游玩中收获不一样的快乐。例如烧烤，可以很好地让家人都参与其中，既能放松心情，又能品尝自己亲手制作的美食，何乐而不为呢？

小贴士：

景点地址： 天津市北辰区青光镇津霸公路与外环线交口西南角
交通情况： 801 路（食品三厂站）
开放时间： 9:00—19:00
门票价格： 10 元
周边景点： 北辰公园（4.4 千米）| 平津战役纪念馆（4.6 千米）| 天津市栈道公园（5.1 千米）
附近美食： 墅外桃源烧烤、臻品海鲜酒楼、泰福成大酒店

杨连弟烈士纪念馆

杨连弟同志为中国人民志愿军一级战斗英雄，1919 年出生于天津市北仓镇，1952 年光荣牺牲。杨连弟烈士纪念馆始建于 1995 年，2013 年新馆建成并正式对外开放。

重建后的杨连弟烈士纪念馆为中式风格，坐西向东，建筑面积 320 平方米，分艺术大厅、事迹陈列厅和多媒体演播厅三部分，用大量图片、实物和音像资料全面展示杨连弟烈士的英雄事迹。

小贴士：

景点地址： 天津市北辰区北辰道与高峰路交口杨连弟公园内
交通情况： 850 路（果园北道站）；909 路（顺和里站）
开放时间： 周一至周五 8:30—11:30，14:00—17:00
门票价格： 免费
周边景点： 北辰公园（1 千米）| 北辰郊野公园（5.2 千米）| 平津战役纪念馆 (6.4 千米）
附近美食： 昊来福餐厅、裕德隆饭庄、恩来顺、庆中拉面馆

安幸生烈士纪念馆

安幸生是中国共产党早期革命活动者，天津市党组织创始人之一，天津工人运动的主要组织者和领导人，为天津的反帝爱国革命运动作出了重要贡献。安幸生故居坐落在双口镇中河头村，占地约 5 亩，院前屹立着嵌有邓颖超同志亲笔题字的安幸生烈士纪念碑及汉白玉半身雕像。内院分设主厅及东西展厅，主厅还原展示烈士生前起居的家庭陈设及日常用品，家具为清末时期的原始物件，保存基本完好；西厅集中展示了安幸生烈士从学生时代到英勇就义的光辉一生。

小贴士：

景点地址：天津市北辰区中河头村
开放时间：上午 9:00—12:00，下午 13:00—16:30，每周日闭馆
门票价格：免费
周边景点：小五堡 | 墅外桃源
附近美食：中河头村游客接待中心（农家饭）

天士力大健康城　**景区等级：AAAA**

天士力大健康城是全国科普教育基地，天津市工业旅游示范基地。园区内建有国际交流展示中心、大健康展览体验馆、中华医药图、百草园、明星大道等景观建筑以及世界唯一的超高速深冷微滴丸智能制造生产车间。景区依托天士力控股集团实体产业，集研学培训、工业观光、康养体验、健康服务与管理、健康产品购物、自然景色欣赏于一体，科普大健康理念，传承中医药文化，展现现代中药研发、智能制造成果。

小贴士：

景点地址：天津市北辰区普济河道 2 号
交通情况：地铁 3 号线（天士力站）
开放时间：周一至周日 9:00—16:30（需提前三天致电预约）
门票价格：30 元
周边景点：小淀国际当代艺术区（6 千米）
附近美食：利禧家宴、四间房私房菜
咨询电话：022-26736135

静海区

世纪古城　运河故道

静海区历史悠久，汉代置县东平舒，宋大观年间置靖海县，明洪武初年，易名静海县。这里有战国墓群、汉代陶楼、京杭大运河、宋代古船、金元遗址，记载着历史在这里走过的痕迹。这里还有姜太公钓鱼、杨家将抗辽、义和团斗争的故事代代相传。

静海区生态优美，这里有京津之南第一湖：团泊湖一望无垠，水天一色；这里还有世界文化遗产京杭大运河，千年流转，古韵悠长；还有百里林海，林涛阵阵，优质温泉，舒爽身心。

经过多年发展，静海区已经形成了集湿地水域、温泉疗养、自然生态、民俗文化、康体健身于一体的旅游资源。目前，光合谷旅游度假区（AAAA 级）、仁爱团泊湖国际休闲博览园（AAAA 级景区）、萨马兰奇纪念馆（AAAA 级）以及乡村旅游项目已形成了特色突出的自然、人文景观，建设了完备的旅游基础服务设施，在静海可以让您尽情享受远离喧嚣亲近自然的休闲与惬意。

萨马兰奇纪念馆

萨马兰奇纪念馆是世界上唯一一座得到萨马兰奇家族授权和国际奥委会批准的纪念萨马兰奇先生、传播奥林匹克精神的场馆。展区分为 14 个单元，展示萨马兰奇收藏的各种书籍、邮票、纪念品、艺术雕塑、绘画及与他相关的信件、照片、私人用品，以及极为珍贵的与奥委会相关的文献，通过现场复原、影像声光等展陈方式，记录和展示了萨马兰奇先生的人生旅程和奥运历程，以及他与中国的深厚情感。

小贴士：

景点地址： 天津市静海区团泊大道健康产业园
交通情况： 891 路（天津健康产业园站）；162 路（团泊体育中心站）
开放时间： 周二至周日 9:30—16:30
门票价格： 60 元
周边景点： 团泊湖鸟类自然保护区（3.3 千米）| 霍元甲故居（8.7 千米）
附近美食： 千江月食尚、合兴砂锅、董家湾重庆老火锅
咨询电话： 022-59597299
预约通道： 1. 搜索微信公众号“萨马兰奇纪念馆”
2. 网址：http://www.jasmemorial.org/

九宣闸

九宣闸是一处泄洪闸，位于天津市静海区南部，地处大运河天津段的最南端，目的在于分泄南运河洪水，是京杭大运河进入天津境内的标志性起点，也是天津现存最早的水闸。九宣闸原名“宣九闸”，取“宣泄九河”之意。如今，九宣闸旁还矗立着一百多年前由李鸿章撰写的《南运减河靳官屯闸记》碑，高度评价了水闸及其对于马厂减河的作用，成为世人了解南运河的“教科书 ”。

小贴士：

景点地址： 天津市静海区靳官屯马厂减河首端
交通情况： 191、192 路（碧水园站），换乘 552 路（九宣闸站）
开放时间： 全天
门票价格： 免费
建议游玩时间： 1 小时
附近美食： 民族饭庄（杨老二酱货）、唐官屯涮羊肉、春江麻辣火锅鸡

陈官屯运河文化博物馆

陈官屯运河文化博物馆是天津市第一家运河博物馆。全馆共分序厅、千年古韵、运河流翠、两岸风俗、古城崛起、跨越发展、红色故事、向幸福出发 8 个部分，收藏文物 1500 余件，展出图片 260 多幅，创作雕塑 50 尊，墙面浮雕 160 多平方米。以运河为主线，揭示了古运河沧桑辉煌的历史遗迹，从不同角度、以多种形式反映了陈官屯镇自古至今的历史变迁和运河文化内涵。展厅内，玻璃地板下是流水潺潺的微缩大运河模型，使人仿佛置身于大运河畔，将陈官屯的每一个村尽收眼底。沿着“运河”前行，不同历史时期的社会风貌逐一展现在眼前，再现了当年运河上漕船南粮北运等贸易往来的盛况。

小贴士：

景点地址： 天津市静海区陈官屯镇古城粮库旁
交通路线： 888、168、552 路（陈官屯运河博物馆站）
开放时间： 周二至周日 9:00—16:30
门票价格： 节假日免费
附近美食： 陈官屯饭店、红升木火炖活鱼、鑫合饭店、聚福饭店、美丽乡村饭店
咨询电话： 022-68769158

仁爱团泊湖 · 国际休闲博览园　景区等级：AAAA

仁爱团泊湖 • 国际休闲博览园（以下简称“休博园”）北依千米宽的独流减河，面临 51 平方千米浩瀚水面的团泊湖，独享丰厚的自然资源，生态环境秀美。休博园是以团泊湖温泉酒店为主体，以温泉为主要特色，集温泉养生、亲子娱乐、私汤住宿、商务会议、健康餐饮于一体的多功能景区。

小贴士：

景点地址：天津市静海区团泊新城地水路
交通情况：156、710 路（团泊镇政府 / 团泊湖温泉酒店站）
开放时间：全天开放
门票价格：景区首道门票免费；温泉中心门票周一至周四 79 元、周五至周日及国家法定节假日 99 元
周边景点：光合谷湿地公园（2.1 千米）| 湖语公园（1.7 千米）| 松江高尔夫球场（1.5 千米）
附近美食：湖畔码头中餐厅、津门羊大爷铜锅涮羊肉、尚渔味烤鱼炖鱼、赵财记、犟骨头、老城街小面、肯德基
咨询电话：022-68578888
预约通道：现场或线上购票均可

天津光合谷旅游度假区　景区等级：AAAA

天津光合谷旅游度假区是天津市休闲农业示范点（村）和以现代服务业和生态旅游业为主导，集文化旅游、会议培训、绿色体验于一体的大型生态文化景区。景区包括青年文化区、温泉度假村、湿地公园区、设施农业区四个区域，打造出独具特色的北方生态文化旅游胜地。

小贴士：

景点地址： 天津市静海区团泊新城东区
交通情况： 869、156 路（团泊镇政府站）
开放时间： 9:00—17:00
门票价格： 入园 + 动物园 + 采摘套票：50 元
周边景点： 团泊自然保护区（1.3 千米）| 光合谷动物园（2.0 千米）
附近美食： 团泊湖温泉酒店渔餐厅
咨询电话： 022-68110000
网络链接： http://www.guanghegu.net.cn/
预约通道： 关注“天津光合谷旅游度假区”官方公众号

北二堡文化旅游村

北二堡村是天津市文化旅游村之一，2020 年 11 月，被评为第六届全国文明村镇，2022 年被评为中国美丽休闲乡村并入选天津市“文明乡风建设”典型案例。该村为 1730 年清中期形成的自然原生态村庄，环抱于子牙河畔，坐落于万亩林海之中，是一座可以深呼吸的平原村庄。自建村以来崇耕尚读，清末出过举人郭宪章，村民擅长苇编，洼淀文化深厚。如今，北二堡村打造党建文化广场、精品民宿、村史馆、骑行驿站、康养检测中心等多处乡村游点位，扎实走好康养文旅融合发展的乡村振兴之路。

小贴士：

景点地址： 天津市静海区台头镇北二堡村
交通情况： 180 路（台头路口站）；静海 861 路（七堡站）
开放时间： 8:00—18:00
门票价格： 免费
联系电话： 022-68166302
建议游玩时间： 2~3 小时
附近美食： 台头友升羊蝎子、福祥饭店、小布点饭店、立新酒楼

崇泰庄园

崇泰庄园是国家级森林康养示范基地，总面积 2500 余亩（1 亩约合 666.7 平方米），坐落于被誉为“天津之肺”的静海区林海示范区核心区，负氧离子 3000 个 /cm^3。各类树木 100 余万株，绿荫叠翠、花红柳绿、稻浪金黄、芳草如茵。庄园依托优良的森林资源，打造植物八卦迷宫、生态长廊、海棠园、映日荷塘、神农园等生态景观。3 万平方米林下生态停车场，太空舱民宿、多功能厅、餐厅、可容纳 40 余辆房车停靠的房车帐篷露营地、亲子乐园、恐龙秘境、森林卡丁车、神农研学基地、采摘大棚、草坪广场等配套娱乐设施齐全，是集林下文旅、康养、种植、养殖深加工于一体的综合性多功能景区。

小贴士：

景点地址：天津市静海区梁头镇静台路崇泰庄园
交通情况：自驾
开放时间：全年全天开放
门票价格：单人票 18 元，双人票 25 元，老人 / 儿童票 10 元
周边景点：北二堡乡村旅游示范村（4.5 千米）
附近美食：台头西瓜、友升羊蝎子、码头烧烤、聚缘餐厅、宏鑫源酒店
咨询电话：022-68775905
预约通道：现场或线上购票均可

独流镇春光家庭农场

独流镇春光家庭农场占地 4000 多亩（1 亩约合 666.7 平方米），全年开放，已成为集农业休闲、文化体验、亲子互动等功能于一体的休闲综合体，具有休闲观光、农耕文化体验、采摘体验、餐饮品尝、水上游乐、亲子游乐、动物饲养观赏等游玩场景，这里一年三季有花赏，每年从四月到十一月，美不胜收。您可以和孔雀、骆驼、鸵鸟、小鹿、山羊等动物亲密互动，品尝自产的笨鸡蛋、鹅蛋，以及各种独流小炒，现场体验摩托艇驾驶、划船等项目。农场先后举办村 BA、全国健步行等赛事，春节灯展秀吸引十多万游客打卡。

小贴士：

景点地址：天津市静海区独流镇十一堡村西子牙河、南运河、大清河交汇处
交通情况：可自驾车辆自东西方向穿越独流镇十一堡村，到达子牙河东堤后右转过桥后左转到达
开放时间：全年全天开放（农场内可住宿）
周边景点：独流三岔河口观景区（1 千米）| 十一堡船闸（0.6 千米）| 独流老木桥（1.8 千米）| 独流给水所（2 千米）|“天下第一坛”纪念地（1 千米）
附近美食：春光农场农家餐厅、育才饭店、胜利饭店、东云阁饭店、璐源饭店
咨询电话：18920707272

武清区

京津明珠 幸福武清

武清，千年古邑，人杰地灵，地处京津黄金走廊，自古即为水陆之冲衢，畿辅之咽喉，举世闻名的京杭大运河纵贯武清全境。历史底蕴深厚，南北文化交融。武清前进道商圈入选第三批国家级夜间文化和旅游消费集聚区名单。

在武清，您可以徜徉于湖边绿野，畅享休闲时光。南湖 • 绿博园、津北森林公园休闲驿站，湖水园林相得益彰，生态景观错落有致。在武清，您可以不出国门就感受来自异域的时尚风情。佛罗伦萨小镇、威尼都、创意米兰，优美的意大利风格建筑、地道的国际美食、众多国际知名品牌、度假式购物体验将让您流连忘返。在武清，您可以体验自然，静享田园乐趣。津北森林公园，被誉为“天然氧吧”，是珍禽栖息迁徙的天堂；南湖 • 绿博园，地标性生态公园，闹市中小桥流水，柳暗花明。在武清，您可以品尝杨村糕干、东马房豆腐丝、田水铺萝卜等传统美食和特色农产品，乡土气息浓郁，令人回味无穷。

京津明珠、幸福武清欢迎您!

南湖·绿博园　　景区等级：AAAA

南湖 • 绿博园分为北部绿博园和南部湖区，由“绿博之径”连接。北部绿博园景区是第三届中国绿化博览会举办地，整个景区共 48 个展园、六大板块，分别为古韵雄风、江南秀色、写意山水、时代新风、中西合璧、民族风情。南部湖区则是一处集游览、娱乐、生态科普于一体的综合性景区，包括水上乐园、珍禽岛、婚纱摄影基地、网红沙滩等场景。秀水与园林并存，运动与娱乐共享，四时之景不负时光，时时品味总有新意。

小贴士：

景点地址：天津市武清区下朱庄街道环湖路
交通情况：749 路（南湖公园站）
开放时间：北部绿博园景区 9:00—17:00（16:00 停止售票）；南部湖区 9:00—20:30
门票价格：北部绿博园景区 35 元 / 人；南部湖区免费（不包含内部游乐设施）
周边景点：文化公园（10 千米）| 创意米兰生活广场（9 千米）
附近美食：南湖轩、天津菜馆、闯关东铁锅炖
咨询电话：022-29453111

京津佛罗伦萨小镇

京津佛罗伦萨小镇是中国首座纯意大利风格的全球名品奥特莱斯。小镇以意大利经典建筑风格为设计灵感，通过应用广场、游廊、喷泉、纪念性建筑物等意大利经典元素，将古罗马、文艺复兴时期的佛罗伦萨一一呈现。小镇汇聚了近 300 家全球名品商店，全年提供低至 2 折起的名品，拥有众多环球美食及奇幻丛林家庭游乐中心，融合小镇贴心的贵宾礼遇及愉悦的购物体验，旨在为消费者打造一站式的都市微度假出行目的地。

小贴士：

景点地址： 天津市武清区前进道北侧

交通情况： 京津城际铁路武清站前 100 米

开放时间： 工作日 10:00—21:00，周末与法定节假日 9:00—21:00

门票价格： 免费

周边景点： V1 汽车世界（1.5 千米）| 创意米兰生活广场（2 千米）| 文化公园（2.2 千米）| 武清博物馆（2.4 千米）| 西苑公园（3.9 千米）

附近美食： Bella Vita、呷哺呷哺、味千拉面、阿香米线

咨询电话： 022-59698000

津北森林公园

津北森林公园是华北地区最大的人工森林公园。公园占地30余万平方米，采取“一心、一岛、三环”的结构布局，即以怡园酒店为核心，以枫叶彩林景观为休闲岛，以滨水休闲运动环、森林漫步环、外部水环为三环。公园内，可户外露营，设有儿童游乐场，游客可在怡园酒店内休息、用餐。同时，水上亭台紧临湖畔、视野开阔，为观湖、赏花的绝佳场所。

小贴士：

景点地址：天津市武清区武香路与苗圃路交口处
交通情况：908 路（津北森林公园站）
开放时间：4 月至 10 月 8:00—18:30
11 月至次年 3 月 8:30—17:00
门票价格：免费
附近美食：福来居食府、李记肉饼、义龙特色烧烤、云南过桥米线
咨询电话：022-60187188

V1 汽车世界　　景区等级：AAA

V1 汽车世界是集汽车创新生态园、汽车产业基地、赛车运动和时尚生活体验于一体的综合体，主要包括 V1 国际赛车场（FIA 认证的 2 级专业赛道，全长 4.3 千米）、二手豪车销售中心澳康达名车广场、高端汽车 VIP 俱乐部、多个品牌体验中心、多个售后汽车改装升级店、汽车文化博物馆、大型汽车展会场、专业道路安全驾校、专业卡丁赛道、汽车主题游乐场、汽车展销及研发中心。自 2018 年开业以来，中国超级跑车锦标赛、中国汽车耐力锦标赛、中国原型车耐力系列赛、中国超级摩托车锦标赛等赛事先后在此举行，宝马、保时捷、奥迪、宾利等汽车品牌均在这里举行新品发布、试乘试驾等活动。

小贴士：

景点地址： 天津市武清区南东路与强国道交口西南 50 米
交通情况： 京津城际铁路武清站
开放时间： 周一至周四 10:00—19:00；周五至周日 9:00—20:00
门票价格： 免费
周边景点： 京津佛罗伦萨小镇（1.5 千米）| 创意米兰生活广场（3.5 千米）| 文化公园（4.5 千米）| 武清博物馆（5 千米）
附近美食： 汉堡王、九田家黑牛烤肉料理、鱼你在一起、半鱼仙妖山花椒烤鱼
咨询电话： 17695914451

宁河区

北国江南 水香宁河

宁河，地处京津唐城市群几何中心，屹立于美丽天津的“东大门”。这里水清岸绿，生态宜居。国家级古海岸和湿地自然保护区“七里海湿地”镶嵌其中，“京津绿肺”“天然氧吧”的美誉闻名遐迩，万鸟翔集、麋鹿奔腾、碧波千顷、苇海涤荡的生态风光沁人心脾。这里文脉厚重，历史悠远。千年古刹天尊阁历经沧桑、静谧雄伟，“北酱”芦台春匠心百年、醇香四溢，非遗木版年画、芦台铸剑、甑乡陶艺精妙绝伦、芳华永驻。这里人杰地灵，红色隽永。诞生了中国第一所地方公办小学“芦台一小”，承载着中国第一条铁路“唐胥铁路”，是“津门之光”于方舟、中国“氢弹之父”于敏追求真理、为国铸盾的梦想起点。

区内有 4 家 AAA 级景区。围绕一海、一河、一林、一故居、一阁、一岛、一镇、一甑乡“八个一”农文旅发展组团，重点打造了七里海研学游、农庄体验游、稻乡观光游、运河水乡游、民俗文化游、梦幻蓟运游 6 条精品旅游线路，旅途中还可以品尝宁河大米、杨泗八大碗、柳蒿饽饽、芦台春老酒、宁河八大馇、烤羊排、七里海河蟹面、马二烧鸡等非遗美食。感受北国江南，体验水香宁河。

芦台春文化创意产业园　　景区等级：AAA

芦台春文化创意产业园占地面积 10 万平方米，是天津芦台春酿造有限公司投资建设的酿酒产业与地方人文兼容并蓄的国家 AAA 级旅游景区。园区建有“芦台春纯粮固态酿造车间”“仿生恒温窖藏库”“最大地下白酒窖藏陈酿库——中华第一窖”“芦台春生态园”等游览景点和接待设施。游客在此可体验“中华老字号”芦台春酒的传统酿酒技艺，可浅酌原酒初成的浓厚醇香，可漫步原酒贮窖领略陶坛木海的藏酒大观，可穿越时空对话享誉中华的古邑贤哲，可在四季如春的庭院中品尝美食佳酿，可在静洁雅致的酒客栈适意休闲。

小贴士：

景点地址：天津市宁河区芦台镇芦汉路 40 号
交通情况：458、459 路（宁河酒厂站）
开放时间：全天
门票价格：免费
周边景点：宁和稻香生态园（7.5 千米）
附近美食：芦台春生态园、吾悦广场

宁和稻香生态园

宁和稻香生态园经营面积 200 万平方米，是 2023 年天津市中国农民丰收季启动仪式的承办地。园区分为蟹美园、和美园、水美园、稻香庄园等多个区域，内含稻田画观光、小火车游览、河蟹垂钓、果蔬采摘、林下露营、水稻收割、萌宠娱乐等农事体验项目，以及河蟹美食品尝、夜间文艺展演、露营烧烤、七里海啤酒节等休闲活动。值得一提的是，这里拥有吉尼斯世界纪录认证的最大 3D 稻田画，从高点望去，画面上的东方白鹳、河蟹、麋鹿、稻穗、谷仓鹳等多种元素，组成了一幅七里海湿地美景，吸引了众多游客前来拍照打卡。

小贴士：

景点地址： 天津市宁河区七里海镇七里海大道与滨蓟线交口东南方向
交通情况： 570、470、471 路（李台子村站）
开放时间： 全天
门票价格： 成人 88 元 / 人、儿童 68 元 / 人
周边景点： 大北四季乐园（6 千米）
附近美食： 稻香庄园

重走方舟路

于方舟，原名于兰渚，生于天津市宁河县俵口乡俵口村（现为宁河区俵口镇解放村），是天津五四运动的领导者，天津早期党团组织的重要负责人。“重走方舟路”项目位于宁河区俵口镇解放村，毗邻天津古海岸湿地与国家级自然保护区——七里海，依托“北国江南 湿地水乡” 的独特自然条件，深挖方舟事迹，传承方舟精神，统筹部署于方舟故居、方舟生平陈列馆、方舟剧场、泛舟七里海、新生社旧址复原、狱中抗争体验馆、方舟步道等十个点位，打造全长 3.8 千米的沉浸式、体验式研学路线，成为人们了解方舟事迹，学习方舟精神，传承红色文化，赓续红色血脉的重要场所。

小贴士：

景点地址： 天津市宁河区俵口镇解放村
交通情况： 574、472 路（于方舟故居站）
门票价格： 150 元 / 人（不含餐）、180 元 / 人（含餐）
开放时间： 全天
周边景点： 芦花里民宿（4 千米）| 渔趣园（2.6 千米）| 洛里坨果蔬采摘园（3.7 千米）| 兴家民俗博物馆（6.2 千米）
附近美食： 七里海洪春小院、来源农庄

七里海贝贝生态农场

七里海贝贝生态农场位于天津市宁河区造甲城镇，紧临津唐引河，农场占地面积约 567 亩，三面环水，水生植被丰富，是集农场体验、亲子研学、户外营地、有机种植、生态循环研发于一体的生态观光型农场。农场以湿地综合体为核心，以农文旅相结合为亮点内设种植区、养殖区、游乐区、休闲观赏区 4 大功能区，内含钓蟹乐园、贝贝牧场、西木帐篷营地、种植区、无动力乐园、稻草迷宫卡丁车、花海小火车、水上乐园 8 大板块，其中，依托 200 多亩七里海河蟹生态养殖区优势，打造了天津市最大的河蟹垂钓公园，可容纳千余人同时体验钓蟹乐趣。自 2023 年 4 月开业以来，已累计接待游客超过 11 万人次，以其良好的旅游环境和人性化的景区管理，成为天津周边亲子休闲游的首选之地。

小贴士：

景点地址： 天津市宁河区津榆复线与七里海大道交口
交通情况： 570、471 路（大王台站）
开放时间： 4 月—11 月 8:00—17:30
门票价格： 30 元 / 人（入园门票）、99 元 / 人（套票）
周边景点： 程米香蟹乐园（0.3 千米）| 小鹿垂钓园（2 千米）
附近美食： 梓林轩、永辉庄园、赵家铺、鑫城铁锅炖

义聚永酒文化博物馆 **景区等级：AAA**

天津义聚永酒文化博物馆占地面积 1500 平方米，是国家级 AAA 景区、天津市爱国主义教育基地、天津市工业旅游示范点、宁河区中小学生研学旅行基地、宁河区中小学生实践资源单位。义聚永酒文化博物馆下设主展厅、玫瑰酒吧、产品展示厅和文化画廊，以丰富的照片、文件资料、实物工具等，集中展示了天津酒文化的悠久历史和义聚永两百多年的出口史，集知识性、趣味性、学术性、观赏性于一体，是可观、可游、可赏、可品的一座酒文化博物馆。

小贴士：

景点地址：天津市宁河区经济开发区二经路 37 号
交通情况：458 路、571 路（宁河经济开发区站）
门票价格：免费
开放时间：9:00—16:30
周边景点：方舟公园（4 千米）| 新天钢联合特钢工业旅游区（1 千米）
附近美食：芦台春生态园

盆罐庄村

盆罐庄村是天津市唯一一个以行业命名的村庄，也是我国著名的手工制陶生产地之 ，素有“陶甑之乡”的美誉。村庄依托传统制陶技艺及成熟的陶制产品，开发出以陶趣制作体验为主，结合陶甑产品展示及彩绘、采摘、全甑宴、甑乡肉焖等多种特色的产业。村内民宿在设计上融入传统陶元素，陶罐的外形覆盖着红色的瓦片，窑洞式的内部结构，陶土般粗犷的墙壁质感，让人们在这里既可以触摸到“中国 • 甑乡”上千年的陶艺文化，也可以享受现代生活的便捷和舒适。

小贴士：

景点地址： 天津市宁河区板桥镇盆罐庄村
交通情况： 495、宁 606 路（盆罐庄村站）
门票价格： 陶趣缘陶艺展厅 10 元 / 人
周边景点： 陶趣缘工坊（0.5 千米）
附近美食： 建华雨饭店、兴盛居饭店、永合聚农家菜坊、顺喜祥饭店、二胖烧烤、阳阳小吃

天尊阁

天尊阁现为全国重点文物保护单位和天津市历史风貌建筑。该阁建在高大的砖石台基上，为 3 层楼阁式木结构建筑，下层称三清殿、中层为王母殿、上层名紫薇殿，其在建筑学上别具匠心，通高 17.4 米，面宽 5 大间，进深 4 间，明间和次间共用 8 根 12 米长的大木通柱纵贯三层楼板，直达阁顶五架梁下，通柱用大木包镶并用铁箍加固制成。通柱外又附以檐柱、山柱和廊柱，并通过斗拱、榫卯与三层纵横梁枋和两层楼板、龙骨构成一组完整的木框架，因而坚固抗震。1976 年唐山大地震时，附近房屋尽皆倒塌，独此阁安然无恙。据地质、建筑部门考察鉴定，认为该建筑对研究数百年来津唐地区地震灾害和房屋建筑抗震防震等方面极具科研价值。

小贴士：

景点地址：天津市宁河区丰台镇南村
交通情况：宁河 481、482 路（丰台南村站）
开放时间：全天
门票价格：免费
周边景点：东丰台木版年画博物馆（0.5 千米）| 东丰台历史博物馆（0.8 千米）| 岳秀村旅游景区（9.4 千米）
附近美食：和顺斋清真饭店、马二烧鸡、赵密烧鸡、丰台“四大碗”、欣亿达饭店

宝坻区

千年宝地 如坻如京

宝坻地处天津北部、北京之东，区域总面积 1509 平方千米。金大定十二年 (1172 年) 置县，取“盐为国宝”和《诗经》中“如坻如京”之意得名。

宝坻生态环境优良、自然景观怡人。区内拥有潮白河国家湿地公园、青北森林公园、青南万亩生态林、潮青生态林带等自然景观，有天然氧吧之称。

宝坻文化底蕴深厚，历史遗存丰富。区内有广济寺、大觉禅寺、石经幢、秦城遗址、萧太后行宫遗址等 125 处文物遗存。特别是《了凡四训》被誉为中国第一善书，东方第一励志奇书，作者袁了凡曾任宝坻知县，为宝坻留下了宝贵的文化财富。

了凡纪念馆

了凡纪念馆坐落于天津市宝坻区南城东街原大觉寺内，由三座起脊平房式建筑组成。馆内三座展室分别为向善堂、治心堂、省身堂，以塑像、浮雕、画像、书籍、楹联、文字图片等形式，全面展示了袁了凡先生在宝坻为官五年的政绩、一生业绩、部分著述及其他相关资料。为袁了凡思想学说研究提供了平台与阵地，成为对外文化交流和“人文宝坻”建设中的一张靓丽名片。

小贴士：

景点地址：天津市宝坻区南城东街 12 号
交通情况：宝 33 路、宝 26 路、宝 28 路（京东第一集）；182 路（劝宝医院东门）
开放时间：每周二、四、六上午 9:00—12:00
门票价格：免费
周边景点：石经幢（0.3 千米）| 京东第一集（0.2 千米）| 广济寺（0.5 千米）
附近美食：东和居饭店、巴蜀水乡、长城烤鸭店、宝坻回民饭店
温馨提示：宝坻是天下第一善书《了凡四训》发源之地，大家可来这里寻根，寻找传承家学、教子成才的方法，寻找教人立命、积善、谦德的品质，寻找以德治政的良策。

了凡善廉文化主题公园

了凡善廉文化主题公园于 2023 年 6 月 30 日建成并开园，总占地面积 262.85 亩，是宝坻新城五大公园之一。其中水域面积 64 亩，水系相连，循环往复，从空中俯瞰，恰好构成一个“善”字形。公园以“了凡善廉文化”为主题，巧妙将了凡廉洁文化思想与自然景观、人文景观融为一体，赋予了城市休闲公园“善廉”新内涵，成为宝坻区廉洁文化建设的特色场景。公园中心位置的了凡善廉文化展馆，是一座典型的两进明清四合院，面积约 1000 平方米，庄重大气、厚重典雅。展陈以了凡善廉文化为主线，通过全息投影、场景复原、3D 动画、人机交互等多样数字展陈技术，让观展者走进四百年前了凡先生的世界，在互动、交融中充分感受善廉文化的魅力，从中汲取养分和智慧，不断涵养克己奉公、清廉自守的精神境界。

小贴士：

景点地址：天津市宝坻区西城路西侧
交通情况：自驾
开放时间：全天
门票价格：免费
周边景点：广济寺（0.3 米）| 石经幢（0.3 千米）
附近美食：回民饭店、南开饭店
咨询电话：022-59211939

潮白河国家湿地公园

潮白河国家湿地公园以潮白河为主轴，以两岸生态廊道为绿脉，以“湿地体验、滨水游憩、空中游景”为景观特色，形成“一河、两岸、三区、二十八景”，充分展示了宝坻区的生态环境、历史底蕴和城市魅力。这里是一个原生态的世外桃源，美丽得让人心醉。尤其是“二十八景”：潮白坻柱、晨曦津渡、梯台馥郁、碧水映彩、海棠香径……这些如诗如画的名字让人不禁联想到秀美的江南风景而心驰神往。

小贴士：

景点地址：天津市宝坻区望月路与潮阳大道交叉口
交通情况：593、4、6 路（宝坻公交总站）
开放时间：9:00—21:00
门票价格：免费
建议游玩时长：1 个小时
周边景点：人口文化公园（2.3 千米）| 宝坻健身公园（3.4 千米）
附近美食：好灶头壹号厨房、辣椒炒肉、愚公婆妈妈菜、宝地宴、闽丰渔村

帝景温泉度假村

帝景温泉度假村是融汇世界温泉沐浴文化风情，集温泉沐浴、休闲保健、生态旅游及完善的住、餐、娱、购配套于一体的新型、综合、健康的温泉休闲度假景区。它包括公共温泉区——春夏秋冬四园、国际风情区、12 栋 VIP 温泉别墅、商业街和完善的 SPA 健康保健中心。每年接待京津冀及周边来温泉体验、休闲住宿的游客约 6 万人次。

瑶池很远，帝景很近。帝景温泉丰富的矿物质、温和的水质和充沛的储量，使其成为国内罕见的保健温泉水，也使帝景温泉度假村成为在天津游玩的绝佳去处。

小贴士：

景点地址： 天津市宝坻区津蓟高速京津新城出口南 150 米路东

交通情况： 自驾游

开放时间： 9:00—23:00

门票价格： 108 元

周边景点： 帝景温泉滑雪场（0.6 千米）| 晶宝农庄温泉农庄（4.4 千米）| 潮白河湿地公园（6 千米）

附近美食： 温德姆 8 号紫园餐厅、庄稼院锅台炖、新城渔品轩铁锅炖、杨大师鸭爪爪、辣椒炒肉宴会庄园餐厅、潮州酒家

咨询电话： 022-29667788

广济寺

广济寺俗称西大寺，始建于辽圣宗统和二十三年（1005），是宝坻有记载最早的佛寺。

广济寺在我国建筑史上具有重要地位。著名建筑学家梁思成先生对广济寺的建筑结构和独特的外观形制给予了高度评价，称其为“辽代建筑之楷模”。

2005 年，遵照“原址原位、原汁原味”原则，广济寺原地复建。重建的寺院布局严谨，错落有序，庄严雄伟，包括辽宋时期建筑风格的天王门、三大士殿、钟楼、鼓楼、祖师殿、伽蓝殿，明清时期建筑风格的宝祥阁、药师殿、地藏王殿以及东西方丈院、斋堂、僚房等十余座单体建筑。2007 年，复建后的广济寺对外开放。

小贴士：

景点地址：天津市宝坻区井南胡同 18 号
交通情况： 596 路（岳园小区站）
开放时间：7:00—16:30
门票价格：免费
周边景点：京东第一集（0.8 千米）| 潮白河国家湿地公园（5.1 千米）
附近美食：宝坻回民饭店、南开饭店、巴蜀水乡、东和居饭庄

石经幢

石经幢位于宝坻古城十字大街中心，始建于辽开泰年间，距今已逾千年。宝坻石经幢由基坛、须弥座、幢身、宝顶四部分组成，通高 11.4 米，整个建筑为八面体造型，结构简洁明快，比例匀称，挺拔高耸。经幢基坛上刻有“太子入学之处”“太子东门见老之处”等 24 幅佛祖生平故事，技法娴熟，生动形象。幢身部分有 6 层，分别刻有佛龛、佛像及佛经。

关于石经幢，宝坻民间也流传着许多传说故事。传说石幢下有一海眼，直通东海。海眼下有一条恶龙，经常出没伤人。南海观世音菩萨体恤民情，施展法力降服了恶龙。为永保后世平安，菩萨颁赐佛牙两颗，存于银匣之内，用银匣压住海眼，上面再建以石经幢，从此恶龙便绝迹了。

小贴士：

景点地址： 天津市宝坻区南街与西街交叉路口南侧
交通情况： 592 路、宝 11 路、宝 26 路（宝坻百货大楼站）
开放时间： 全天
门票价格： 免费
周边景点： 广济寺（0.1 千米）| 棂星门（0.2 千米）| 京东第一集（0.6 千米）
附近美食： 宝坻回民饭店、南开饭店、巴蜀水乡、东和居饭庄

小辛码头村

小辛码头村因辽国萧太后运粮河而得名，自然环境优美，历史文化悠久。村中建有水稻文化观光园，汇集了国内外 3000 多个具有较强地域性和观赏性的水稻品种，并积极培育了凡善德文化、稻乡文化、漕运文化、古镇文化四大文化主题，集旅游观光、生态种养、文化休闲和科学研究于一体，借助水缘和人缘之宝，营造乡村旅游品牌。

小贴士：

景点地址： 天津市宝坻区黄庄镇小辛码头村
交通情况： 旅游专线 21 路（小辛码头村）
开放时间： 全天
周边景点： 李宦庄（4 千米）| 渔生态小镇 • 士国庄园（4 千米）| 小辛码村了凡广场 | 码头遗址 | 水稻育种基地
附近美食： 潮白河鲫鱼、潮白小干鱼、干炸银鱼、潮白炸河虾、农家土窑鸡、嘎鱼贴饼子

晶宝温泉农庄

晶宝温泉农庄是集采摘、垂钓、餐饮、农业观光于一体的旅游基地，拥有观光园、农家小动物园与晶宝儿童小镇，让生活在都市中的人们“逃离”钢筋水泥构筑的“都市丛林”，回归自然，亲农近农，享受乡村的悠闲时光。

小贴士：

景点地址： 天津市宝坻区里自沽农场
交通情况： 宝 52 路（刘邦桥站）
开放时间： 8:00—17:00
门票价格： 50 元
周边景点： 京津新城（9 千米）| 天津大觉禅寺（11 千米）
附近美食： 郭靖烤全羊、东顺居大锅贴、庄稼院锅台炖、新城渔品轩铁锅炖、潮州酒家
咨询电话： 022-29668794
预约通道： 扫描二维码、关注微信公众号

欢喜庄园

欢喜庄园位于八门城镇，占地 3000 亩，是集稻田立体种养、农产品深加工、休闲娱乐、农业研学于一体的多功能现代生态农业示范园。园区是民航无人机驾驶员执照天津唯一考点，可以承接无人机及航模赛事、科研类项目、无人机教育培训等。欢喜庄园举办稻香文化旅游节、钓蟹节、丰收节等活动，素有“神农胜境”的美誉。

小贴士：

景点地址： 天津市宝坻区八门城镇欢喜小学西侧
交通情况： 宝 12 路公交车、自驾
开放时间： 8:30—20:00
门票价格： 免费
附近美食： 欢喜酒店、小满的院子、源顺石锅鱼、八门城四季海鲜店
咨询电话： 16602699818

蓟州区

山水蓟州　京津花园

蓟州区是天津市历史文化名城、联合国命名的中国千年古县，也是京津冀生态涵养功能区，被誉为“山水蓟州，京津花园”。

蓟州区山清水秀，旅游资源丰富，集名山、古寺、雄关、奇洞、幽林、秀水于一地。有国家重点风景名胜区、国家首批5A级景区盘山，有世界文化遗产、国家4A级景区黄崖关长城，有中国第一个国家级地质类自然保护区中上元古界国家地质公园，还有国家级原始次生林自然保护区八仙山、国家森林公园九龙山等。

蓟州区历史文化悠久，有近2300年的建制史，有市级以上重点文物保护单位27处，革命战争遗址、纪念地160余处。其中国家级重点文物保护单位4处，包括独乐寺、白塔、千像寺石刻造像、平津战役前线司令部旧址。目前，全区有旅游景区22处，其中A级景区15处。蓟州也是全国首批休闲农业与乡村旅游示范县，12个村入选全国乡村旅游重点村名单，还被确定为天津市冰雪运动示范区，区内3家滑雪场被指定为天津市全民冰雪运动示范单位。

盘山风景名胜区　　景区等级：AAAAA

盘山是燕山山脉南缘的一段，位于天津市蓟州区西北，相传东汉末年，名士田畴不受献帝封赏，隐居于此，因此人称田盘山，简称盘山。始于汉，兴于唐，盛于清，是自然山水与名胜古迹并著，佛教文化与皇家文化相融的旅游休闲胜地，有“三盘”“五峰”“八石”之胜，还有天成寺、万松寺、云罩寺、舍利塔等古代建筑。由西路登山，山势呈上、中、下三盘之状，三盘景致各具特色，上盘松、中盘石、下盘水，人称“三盘之胜”。五峰为挂月峰、紫盖峰、自来峰、九华峰、舞剑峰。主峰挂月峰，海拔 864 米；五峰攒簇，引人入胜。另有悬空石、摇动石、晾甲石、将军石、夹木石、天井石、蛤蟆石、蟒石“八石”。

小贴士：

景点地址：天津市蓟州区官庄镇莲花岭村
交通情况：游 11 路（盘山风景区站）
门票价格：78 元
开放时间：3 月 16 日至 11 月 14 日 8:00—17:00；11 月 15 日至次年 3 月 15 日 8:00—16:30
周边景点：盘山滑雪场（2.8 千米）
附近美食：虹海圣肉饼店、蓬客莱
咨询电话：022-29821824
预约通道：www.chinapanshan.com

黄崖关长城风景名胜区 **景区等级：AAAA**

黄崖关长城风景名胜区在蓟州区北 28 千米的崇山峻岭之中，初建于北齐，包括黄崖关和太平寨。明代名将戚继光任蓟镇总兵时曾重新设计，包砖大修，由于山崖在夕阳西照时，反射出万道金光，故名黄崖关，有蓟北第一雄关之称。

黄崖正关又名八卦城，漫步其间，给人以扑朔迷离之感。在八卦城内有长城沿线上第一座长城博物馆，陈列着中国古长城、蓟州古长城的沿革资料，以及当年戚继光使用过的战刀、戍边将士的兵器和生活用品等珍贵文物。还相继创建了百将百家碑林、毛泽东诗词墨迹碑林、名人名联堂、博物馆、长寿园、长城文化长廊等景观景点。

太平寨位于黄崖关东南 1 千米的小平安村，海拔 700 米，全长 873 米。控扼着黄崖关城东侧崇山沟谷的寨堡，以山势险峻，长城雄伟著称。

小贴士：

景点地址：天津市蓟州区莲花岭村
交通情况：旅游专线蓟 3 路（黄崖关村民委员会站）
开放时间：4 月 1 日至 10 月 31 日 8:30—16:20；11 月 1 日至次年 3 月 31 日 8:30—15:50
门票价格：85 元（景区联票）
周边景点：太平寨（0.6 千米）| 八仙古洞（0.7 千米）| 白蛇谷自然风景区（1.5 千米）
附近美食：农家院
咨询电话：022-22718718、22718080
官网 ：www.hygcc.com
公众号：微信公众号搜索并关注“黄崖关长城风景区”在线购票

独乐寺　景区等级：AAAA

独乐寺是中国仅存的三大辽代寺院之一，也是津门十景之一。该寺始建于隋，辽代统和二年（公元 984 年）重建，是中国古代木结构建筑的代表作，由山门、观音阁、韦陀亭、报恩院、乾隆行宫、清代民居等组成宏大的庙宇式建筑群，以古建、泥塑、壁画“三绝”享誉中外。观音阁是国内最古老的高层木结构楼阁，山门是现存最早的庑殿顶山门，高达 16.08 米的十一面观音塑像是我国现存最高大的彩色泥塑站像，寺内保存的匾额楹联具有极高的文物价值，观音阁内的元代壁画是古代壁画中的珍品。

小贴士：

景点地址： 天津市蓟州区武定街 41 号

交通情况： 530、531、游 11 路（独乐寺站）

开放时间： 全年开放，夏季 8:00—17:30，冬季 8:00—17:00

门票价格： 33 元

周边景点： 渔阳古街（0.3 千米）| 白塔寺（0.4 千米）| 蓟州鼓楼（0.5 千米）

附近美食： 桂发祥、鑫年三十姚厨老蔡馆、百花食府、古街小吃城

咨询电话： 022-29142904

预约通道： 携程、美团、大众点评等平台均可

蓟州溶洞　景区等级：AAAA

蓟州溶洞发育于中、上元古界，距今大约 18 亿年，洞内冬暖夏凉，长年恒温，各类景观晶莹剔透，千姿百态，变化万千，真可谓洞天福地，面积之大，居华北地区之首。

溶洞内以腾龙渡海、石花长廊、石佛观瀑、巨大石柱林、鱼鳞瀑、龙宫、凌霄仙境、蓬莱求医、月宫桂树、菩陀仙境、北溟神宫为绝佳景观。景区现运营项目有溶洞、7D 玻璃悬索桥、高山丛林漂流、高山旱滑、悬崖秋千、高空滑索、全景玻璃滑道、卡丁车、时光隧道等。另外景区内还设有溶洞假日酒店，是游客休闲、娱乐、探险、度假、拓展、穿越的不二之选。

小贴士：

景点地址：天津市蓟州区罗庄子镇洪水庄村北
交通路线：蓟 25 路（临时站）
开放时间：8:00—17:00
门票价格：95 元
周边景点：盘山风景名胜区（8.8 千米）| 蓟州国际滑雪场（2 千米）
附近美食：农家院
咨询电话：022-82323333
预约通道：扫描二维码关注微信公众号

吉姆冒险世界

吉姆冒险世界项目位于天津市蓟州区下营镇，是以无动力拓展运动设施为载体的新型农业观光体验和拓展运动综合体项目。该项目秉承自然探索、户外探险、文化探秘的“三探”核心运营理念，提供“将健康与户外、体育、教育、文化、休闲度假有机融合”的一体化服务，依托场地内丰富的果林和山地资源，推出了户外运动、探险娱乐、科普体验等玩法。春季梨花盛开、夏季水上娱乐、秋季水果采摘、冬季冰雪运动，为游客带来不一样的游玩体验。

小贴士：

景点地址： 天津市蓟州区下营镇团山子村南 100 米
交通情况： 车神架旅游专线（团山子公交站）
开放时间： 全年开放，日场 8:00—18:00，夜场：18:00—21:00
门票价格： 129 元
周边景点： 梨木台风景区（5.4 千米）| 黄崖关长城风景名胜区 (11 千米)
咨询电话： 022-29729677
预约通道： 关注吉姆冒险世界公众号

车神架风景区

车神架风景区是国内首创的车神轩辕文化主题景区，位于国家地质公园、国家级自然保护区内，占地面积 10 余平方千米。景区内天台山巅耸立着中华人文始祖轩辕黄帝巨像，有飞峙山脊的人字形古长城和 360°高空全景玻璃观光平台；有蓟州大峡谷、一线天、龙凤双潭等自然景观百余处；有千只孔雀放飞、高山旱滑、玻璃漂流等八大刺激必玩项目，该景区还会定期举行平安祈福大典、礼乐汉服文化节、泼水狂欢节、民俗晒秋文化节等体验活动。

小贴士：

景点地址： 天津市蓟州区下营镇北车道峪村
交通情况： 蓟州村村通专线 4 路（天台山车神架景区站），
车神架旅游专线（天台山车神架景区站）
开放时间： 全年 6:00—17:00
门票价格： 80 元（含往返摆渡车）
周边景点： 环山湖风景区（1.4 千米）| 九山顶自然风景区（2.9 千米）| 吉姆冒险世界 (3.7 千米)
咨询电话： 022-22711910
预约通道： 抖音、美团等平台均可

五指山·梨木台

飞瀑流泉·梨木台

梨木台风景区　景区等级：AAAA

梨木台风景区地处天津最北端，属于国家地质公园石英岩峰林峡谷景区。这里不但有壮观秀丽且陡峭险峻的山峰、数以千计的珍稀物种及数百种珍贵中草药材，因其水资源丰富，又有自然形成的三潭映月、仙女沐浴池、太平池等大小池潭上百个，黄应硼、将军潭、一线天等瀑布飞泻而下，颇为壮观，被专家学者称为“天津神农架”和“北方热带雨林”。

小贴士：

景点地址： 天津市蓟州区下营镇
交通情况： 蓟州区旅游专线 291 路（梨木台风景区站）
门票价格： 70 元 (景区门票 + 往返摆渡车)
开放时间： 3 月 15 日—11 月 15 日 8:00—16:00
周边景点： 吉姆冒险世界（5.5 千米）| 车神架风景区（9 千米）| 黄崖关长城风景名胜区（17 千米）
附近美食： 奢野民宿、水云乡民宿、龙栖民宿、盛庄民宿、如初见民宿

郭家沟景区　景区等级：AAAA

郭家沟景区位于天津市蓟州区北部山区，南距天津市区 130 千米，西距北京市区 60 千米。这里群山环抱、清溪绕村、叠岭重湖，青砖碧瓦、绿树掩映，千米绿廊、藤蔓缠绕，遍地金银花异彩纷呈，令人目不暇接。葱郁的采摘园、静谧的垂钓园、芬芳的漂花溪、百年的古井、古老的水车、淳朴的村民，地设天成，形成一幅小桥、流水、人家的天然画卷。漫步其间，如在画中，令人心驰神往，流连忘返。

小贴士：

景点地址： 天津市蓟州区下营镇郭家沟村
交通情况： 蓟州村村通专线 4 路（白滩方向）（郭家沟站）
开放时间： 全年开放，旺季 7:30—22:00，淡季 8:00—17:00
门票价格： 60 元
周边景点： 黄崖关长城风景名胜区（7.2 千米）| 梨木台风景区（5.2 千米）| 蓟州国际滑雪场（12.4 千米）
附近美食： 1473 • 溪堂咖啡厅、山水乡宣农家特色菜
咨询电话： 022-27369999

九山顶自然风景区

九山顶自然风景区是国家自然保护区中上元古界标准地层最有代表性的山体，又是天津市地势最高的风景区，以山、水、岩、洞为主体，以雄、秀、险、幽为特色。景区还修建了天津首条高空玻璃栈道、丛林钢木栈道、情人谷、水上乐园、奇石神木博物馆、亲子乐园、呐喊喷泉、国防军事教育基地、高空滑索、高空自行车、步步惊心、玻璃水滑道等娱乐项目和景点。

小贴士：

景点地址： 天津市蓟州区下营镇常州村 10 号
交通情况： 蓟 4 路（九山顶）
开放时间： 3 月 28 日至 11 月 15 日 8:00—17:30
门票价格： 75 元
周边景点： 车神架风景区（3 千米）| 郭家沟景区（4 千米）| 吉姆冒险世界（5 千米）
附近美食： 农家院饭菜
咨询电话： 022-29719666、29718109
预约通道： 美团、大众点评

西井峪村

西井峪村因四面环山似井中而得名，居住在这里的村民用片石垒砌成石头屋、石头院和石头巷，故而该村又被称为“石头村”。在这里可以体验皮影坊、草编坊、缝绣坊、根雕坊、泥塑坊、石艺坊、豆腐坊、煎饼坊、菜干坊、漏粉坊等十几个专事传统手工制作的作坊，可以领略传统文化技艺的内涵与美味。

小贴士：

景点地址： 天津市蓟州区渔阳镇西井峪村
交通情况： 建议自驾
开放时间： 全天
门票价格： 免费
网红打卡区： [自然风光] 跃进广场、西井峪古街道、万卷石书、碾子、西崖晚眺、东井峪、半山半城；[人文风光] 拾磨书店、周大爷家的小毛驴
周边景点： 独乐寺（3.2 千米）
附近美食： 璞峪餐厅、桐画餐厅、云隐里餐厅、漫居餐厅、可否咖啡、峪上户外烧烤

九龙山国家森林公园

九龙山国家森林公园是天津市面积最大的一座国家森林公园。公园集幽林、古洞、奇峰、秀水于一体，森林景观优美，自然风光奇特，人文景观丰富，地理位置优越，堪称京东大地上一块夺目的“翡翠”。因有九条山脊连绵耸立于深谷之中，恰似九龙聚首，故此得名。在这片绿色的森林王国中还栖息着 400 多种野生动物以及生长着大量中草药。置身于此，您会常闻百鸟欢歌，偶见山鸡、野兔、松鼠出没于林间，一种回归自然的野趣油然而生。

小贴士：

景点地址： 天津市蓟州区穿芳峪镇果香峪村北
交通情况： 建议自驾
开放时间： 4 月 1 日至 10 月 31 日 8:30—17:00
门票价格： 35 元
周边景点： 梨木台风景区（7.8 千米）| 吉姆冒险世界（3.7 千米）
咨询电话： 022-29742069、29742068

天津九龙山国家森林公园

天津九龙山景区

小穿乡野公园

小穿乡野公园是集住宿、用餐、度假、娱乐、养生于一体的全景式乡野度假公园。公园内有古建风格的农家院、独具特色的乡野小屋、人工湖、农耕园、休闲公园、花卉种植园、乡野特色餐厅等。小穿芳峪村依山傍水，环境优雅，2016 年入选中国美丽休闲乡村。这里有古色古香、青砖灰瓦的四合院，处处透露着古朴，还有繁花似锦、曲径通幽的乡野公园，使人尽享乡野之趣。

小贴士：

景点地址： 天津市蓟州区穿芳峪镇小穿芳峪村
交通情况： 蓟 48 路（小穿芳峪站）
开放时间： 3 月 15 日至 11 月 15 日 8:00—18:00
门票价格： 40 元
周边景点： 元古奇石林（1.5 千米）| 九龙山国家森林公园（2.5 千米）| 悦水梦园（1.7 千米）| 清东陵（9.5 千米）
咨询电话： 022-22857777

蓟州国际旅游度假区

蓟州国际旅游度假区是天津市一家集冬季冰雪运动、夏季旅游观光（欢乐世界）、温泉度假酒店、会议服务、休闲度假、健身养生于一体的综合性四季生态旅游度假景区。景区拥有天津地区设施设备齐全、规模庞大的冬季冰雪运动场地——蓟州国际滑雪场，以亲子为主题的夏季娱乐项目——蓟州国际欢乐世界和以生态为主题的蓟州国际度假酒店，让您在美丽风光中体验游玩的愉悦。

小贴士：

景点地址：天津市蓟州区城北七千米津围公路西侧 200 米处
交通情况：蓟专线 3 路（洪水庄站）
开放时间：5 月 1 日至 10 月 13 日 8:30—16:30
门票价格：45 元
周边景点：蓟州溶洞（1.8 千米）| 府君山（6.3 千米）| 独乐寺（7.9 千米）
附近美食：蓟州国际酒店、崔记铁锅炖鱼、邢老头羊汤
咨询电话：022-22727666、4001536668

eden 春山里生态教育国际生活示范区

eden 春山里生态教育国际生活示范区位于天津市蓟州区的盘山脚下，是一个以“终身学习 系统生活”为主题设计的“学习型度假”目的地，也是一个融合了自然、生态、文艺、科学等不同主题的山谷里的第二居所。这里有广袤的自然，有趣的山地运动中心，丰富的工坊群落课程，众多各具特色的餐厅、甜品店、书吧等，让游客都能在山谷拥有最棒的沉浸式体验，享受一站式度假的便捷与快乐。

小贴士：

景点地址：天津市蓟州区东后峪村附近
交通情况：旅游专线 11 路（东后峪站）
开放时间：8:00—24:00
周边景点：独乐寺（4.9 千米）| 盘山风景名胜区（7.2 千米）| 蓟州溶洞（8.9 千米）
附近美食：eden 食堂、泼水街云南菜、eden • Colourful Burger
咨询电话：4000611336

三、滨城全域游

滨海新区

时代滨城　人文高地

滨海新区依河临海、物阜民丰，是底蕴深厚的人文高地。这里历史厚重，能聆听600年潮音寺的晨钟暮鼓；能凭吊大沽口炮台的百年历史烽烟；能寻踪北洋水师大沽船坞遗址、塘沽火车站旧址等洋务运动的遗存。这里人杰地灵，是佛教高僧倓虚法师和民国大总统曹锟的故里；著名爱国实业家范旭东、李烛尘，科学家侯德榜等在这里创办了久大盐业公司、永利制碱厂和黄海化学工业研究社，奠定了中国近代化学工业的基础。这里文化繁荣，有最美网红图书馆——滨海新区图书馆，有“海上故宫”之称的我国唯一国家级综合性海洋博物馆——国家海洋博物馆，有国内名列前茅的科技馆——滨海科技馆，这里的塘沽版画、汉沽版画久负盛名，这里的汉沽飞镲、大沽龙灯、宫廷补绣等非物质文化遗产声名远播。

滨海新区因水而兴，因港而盛，是浪漫多姿的休闲胜地。153千米的海岸线汇聚了6个4A级国家旅游景区，2个3A级国家旅游景区，还有众多渔农特色的休闲美景。有国家全域旅游示范区——中新生态城，有国内唯一的航母主题公园——滨海航母主题公园，有距离首都最近的沙滩——东疆湾沙滩。这里美食飘香，北塘的银鱼、螃蟹、皮皮虾，汉沽的麻蚶、鲜蛏、八大馇，让人垂涎欲滴，流连忘返。这里驻留舒适便捷，26家3星级以上酒店、近百家旅行社、上千家特色餐馆，为出行滨海的游客提供全方位的优质服务。滨海新区已成为集吃、住、行、游、购、娱于一体的独具滨海特色的观光旅游休闲地。

大沽口炮台遗址　**景区等级：AAAA**

大沽口炮台位于海河入海口处，是近代史上北方最重要的海防屏障，首都北京的海上门户，抵御第二次鸦片战争侵略者和八国联军侵华的重要战场。遗址于 1997 年 7 月 1 日正式对外开放，占地面积 54000 平方米，建有遗址博物馆，其主题展览《海上国门》展示了大沽口炮台遭外敌入侵、几经兴废的悲壮历程和中国人民不畏强暴、奋勇抗争的史迹，凸显大沽口炮台在中国近代史上的重要地位和丰厚积淀。1918 年、1954 年毛泽东同志曾两次登临炮台。遗址于 1988 年经国务院公布为第三批全国重点文物保护单位，2005 年被中宣部命名为全国爱国主义教育示范基地。

小贴士：

景点地址：天津市滨海新区东炮台路 1 号
交通情况：地铁 9 号线（市民广场站）；旅游专线 1 路（大沽口炮台遗址博物馆站）
开放时间：周二至周日 9:00 开放，16:00 停止售票
5 月 1 日至 10 月 31 日，每周六停止售票时间延长至 16:30
每周一闭馆（国家法定节假日除外）
门票价格：25 元
周边景点：滨海水上游廊（6.9 千米）
附近美食：正阳春鸭子楼、瑞湾开元大酒店、海港小厨
咨询电话：022-25232288
大沽口炮台遗址博物馆公众号：大沽口炮台遗址博物馆官微

中新天津生态城

中新天津生态城是中国、新加坡两国政府间重大合作项目，也是世界上首个国家间合作开发的生态城市与首个国家绿色发展示范区。

“当城市成为景区，生活就像旅行”——作为国家全域旅游示范区，生态城拥有被誉为“海上故宫”的国家海洋博物馆、拥有航母编队的军事主题公园以及妈祖文化园；妙趣灵动的南湾，观海听涛的东堤、野趣悠然的南堤共同勾勒出 36 千米亲海岸线，全域贯通的 32 千米绿道串联 40 余座特色公园，处处是风景、四季皆可游，曾获评“2023 年中国人居环境范例奖”。

小贴士：

景点地址： 天津市滨海新区海滨大道
交通情况： 中新生态城 4 号线（动漫中环站），932、938、468 路（动漫城站）
开放时间： 全天
门票价格： 免费
周边景点： 蓟运河故道公园（0.7 千米）| 生态谷公园（1 千米）| 成吉思汗宫（2.3 千米）
附近美食： 羊不村、厚圃、馋胖肉蟹堡、食光鱼府、缪记小馆、丽伟串烧工坊
温馨提示： 附近商业街可以一逛

中新友好图书馆

中新友好图书馆是中国和新加坡两国合作打造的重大公共文化设施，是国家一级图书馆、全国示范数字档案馆。作为生态城智慧城市的重要场景，中新友好图书馆提供图书、档案一体化管理和服务，以一流的智慧化建设和浓郁的异国风情设计而闻名，被誉为“智慧图书馆”。最引人注目的是，场馆里随处可见各类智慧服务，导航找书、刷脸借书、机器人分拣还书，还有自由行走的智能服务机器人“小图”。“黑科技”汽车穿梭还书系统，让你无须下车即可实现极速还书。快来和我们一起开启新时代阅读模式吧！

小贴士：

景点地址： 天津市滨海新区生态城中泰大道 3811 号
交通情况： 生态城 5 号线（中新友好图书馆站）
开放时间： 周一 14:00—20:00；周二至周日 9:00—20:00
门票价格： 免费
周边景点： 中新友好花园（0.5 千米）| 天津方特欢乐世界（2.8 千米）| 天津泰达航母主题公园（4.1 千米）
附近美食： 堡美味、喫茶去、老六爷烧烤、必胜客
服务电话： 022-66383366
官方网址： www.tecla.cn
微信公众号： 中新天津生态城图书档案馆或搜索微信号 ecocityla

微信公众号二维码

App 二维码

天津方特欢乐世界 景区等级：AAAA

天津方特欢乐世界是京津冀地区第四代现代高科技主题乐园，有“东方梦幻乐园”“亚洲科幻神奇”之美誉。

这里由 30 余个主题项目区组成，内容包含科技动漫、未来幻想、科普教育、神话传说、主题表演等多个方面。不论是梦幻般的王国城堡，还是刺激难忘的津门大峡谷，抑或是好玩的熊出没大课堂情景剧，您总能在这里找到属于自己的快乐。夜晚的方特欢乐世界还倾心打造了史诗般的城堡灯光秀，呈现一场流光溢彩、亦真亦幻、美不胜收的视觉盛宴。来方特吧，和最亲爱的人共同创造一段难以忘却的梦幻回忆！

小贴士：

景点地址： 天津市滨海新区中生大道 4888 号
交通情况： 462、128 路（生态城服务中心站）
开放时间： 周一至周五 9:30—17:30，周末 9:30—18:00，主题活动期间夜场开放至 21:00
门票价格： 280 元
打卡圣地： 方特城堡、津门大峡谷、火流星、飞越恐龙岛
周边景点： 伊利生态精灵乐园（1.2 千米）| 国家动漫园（3.4 千米）
附近美食： 临水餐厅、老广记、老潼关
咨询电话： 022-66325566
预约通道： 详情请登录官网查询 https://ftwx.fangte.com/wap/tianjin/
天津方特公众号： tjfangte

国家动漫园

国家动漫产业综合示范园（简称“国家动漫园”）作为生态城文化产业的重要载体，是文旅部与天津市政府部市合作打造的文旅重点项目，也是文旅部与地方共建的第一个国家级动漫产业园。

园区已形成以文化创意产业为主导，以动漫影视电竞为主要特色的内容创新型企业聚集区。园区配套公共技术服务平台，为影视动漫游戏企业提供抠像、动捕、音乐等全流程制作服务；生态城电竞馆，作为天津市唯一最具专业性的电竞场馆，以载体促产业发展，不断引入游戏电竞企业，全力打造“北方电竞之都”；国家级文化科技综合企业孵化器，曾成功培育出亿元级动画企业好传动画，成为区域文化产业发展的重要支撑。

小贴士：

景点地址： 中新生态城汉北路 7 号
交通情况： 468、938、462 路（动漫园站）；128、506 路（锦庐站）
开放时间： 9:00—17:00
门票价格： 免费
周边景点： 北塘古镇（2.3 千米）| 津沽记忆博物馆（2.3 千米）
附近美食： 京东 X 未来餐厅、六一食堂、羊不村、犟骨头
温馨提示： 适合 cosplay（角色扮演），有兴趣的游客可带好装备前去体验
咨询电话： 022-59861614

国家海洋博物馆　　景区等级：AAAA

国家海洋博物馆是中国首座也是唯一一座国家级综合性、公益性的海洋博物馆，有“海上故宫”的美誉。

国家海洋博物馆建筑主体3层，局部4层，陈列展览的内容围绕“海洋与人类”的主题展开，分为“海洋人文”“海洋自然”“海洋生态”三大版块，共设6大展区16个展厅，藏品累计约3.9万件，是集保护收藏、展示教育、科学研究、交流传播、旅游体验等功能于一体的海洋教育课堂。

小贴士：

景点地址： 天津市滨海新区中新生态城海轩道377号
交通情况： 生态城公交3、4号线，滨海公交972、947路（海洋博物馆站）
开放时间： 周二至周日9:00—17:00，16:30停止入馆，每周一闭馆（法定节假日除外）
门票价格： 线上预约，凭有效证件免费入馆
周边景点： 天津泰达航母主题公园（12.6千米）
附近美食： 巴蜀王婆大虾、王世子 • 有品烤肉、品味东北；馆内有瞰海食坊、深海餐厅
咨询电话： 022-67185139
预约通道： 微信公众号“国家海洋博物馆”或官方网站
官方网站： www.nmmc.cc

津沽记忆博物馆

津沽记忆博物馆是一家非国有博物馆，于2017年5月18日“国际博物馆日”面向社会开放。津沽记忆博物馆馆藏近5000余件明清以来的天津社会生活藏品，涉及政经金融、公共设施、文化教育、曲艺艺术、风土民俗等诸多领域，分为“民生天下先”“租界风云淡”“铁肩担国运”“沽上民风浓”“粉墨人生苦”“少年不识愁”“百年树英才”“津沽记忆长”等8个主题板块，并常年举办展览、讲座、座谈会、演出等文化艺术活动。

小贴士：

景点地址： 天津市滨海新区中新生态城芳菲路11号增2号
交通情况： 947、128路（滨旅产业园站；932路（国税局站）；
972路，生态城3、4号线（东方艺术馆站）
开放时间： 周二至周日9:30—17:30（全年）；17:30—20:30（每年5月1日至10月31日）
门票价格： 免费
周边景点： 国家海洋博物馆（3千米）| 天津方特欢乐世界（5.5千米）|
天津泰达航母主题公园（6千米）| 妈祖文化园（8千米）
附近美食： 局儿烧烤火锅、渔民新村、海底捞、胡桃里
咨询电话： 022-59901270
预约通道： 微信公众号“津沽记忆博物馆”

滨海文化中心

滨海文化中心项目包括“三馆、两中心、一长廊”，“三馆”为滨海美术馆、滨海科技馆、滨海图书馆；“两中心”为滨海演艺中心、市民活动中心；“一长廊”为文化长廊。作为京津冀地区文化新地标的滨海文化中心会带领您漫步于光影天地，遨游在浩瀚科技宇宙，沉浸于中华传统及当代美术作品之中。游客可在其中览美景、闻书香、观演出、享潮玩、逛市集、品美味，体验这份轻松与浪漫，享受独一无二的饕餮文化盛宴。

小贴士：

景点地址：天津市滨海新区旭升路 347 号
交通情况：地铁 9 号线（泰达站）；106、112、132、定制 522 路、816、822 路南线、940、974 路（滨海文化中心西门站）
开放时间：详见各馆公告
门票价格：60 元（滨海科技馆）
周边景点：东方公主号（1.5 千米）| 天津海昌极地海洋世界（2.5 千米）
附近美食：瑞幸咖啡、Coco 奶茶、Pekaa 西餐厅、额尔敦火锅、金花石锅拌饭等
咨询电话：022-65758371、400-600-0171
预约通道：扫描二维码，关注“滨海文化中心”公众号

滨海新区图书馆中心馆区

“若有天堂，天堂应该是图书馆的模样。”号称中国最美的图书馆——滨海新区图书馆中心馆区造型独特，寓意深刻。新馆的外玻璃墙为眼睛造型，寓意“你在我眼里，我在你心里”。主体中厅由“书山”和“球形报告厅”组成，“书山”由34层白色阶梯呈波浪状自下而上铺开，表示“书山有路勤为径”；而球形报告厅则有“滨海之眼”之称。

你是否对曲线形建筑的奇妙惊叹万分，你是否对可以攀爬的书山好奇不已？快来天津滨海新区图书馆一探究竟吧！

小贴士：

景点地址： 天津市滨海新区旭升路347号滨海文化中心

交通情况： 地铁9号线（市民广场站）

开放时间： 周一14:00—20:00（法定节假日9:30—20:00）；周二至周日9:30—20:00

中庭球幕灯光定时开启： 周六、日及法定节假日17:00—18:00

门票价格： 免费

最佳拍摄角度： 《庆余年》取景地

周边景点： 滨海美术馆（0.1千米）| 滨海科技馆（0.1千米）| 滨海演艺中心（0.2千米）

附近美食： 初见花厨、设计书台湾牛肉面、花也初见主题餐厅、缪记小馆

咨询电话： 022-65545678

预约通道： 关注“天津市滨海新区图书馆”官方公众号

天津泰达航母主题公园　　景区等级：AAAA

天津泰达航母主题公园是以“基辅号”航空母舰为载体，集航母编队观光、国防教育、主题演出、会务会展、红色培训、特色研学、娱乐休闲、影视拍摄八大板块于一体的大型军事主题公园。

作为国家国防教育示范基地，泰达航母引进退役驱逐舰、潜艇及两艘护卫艇，组建了全球唯一可参观的“航母编队”；打造了以真实航空母舰为背景的大型实景海战表演《航母风暴》以及实景演出《飞车特技》等国际高水准演艺项目；2023 年起，在节假日打造焰火秀系列演出，凭借高品质演出项目，成为京津冀顶流焰火大会，未来将持续上演绝美焰火盛宴，为津城增色添彩。

小贴士：

景点地址：天津市滨海新区中央大道与公园支路交叉路口
交通情况：127 路公交车 (泰达航母主题公园站)
开放时间：3 月 1 日—10 月 31 日 周一至周五 9:00—17:30，周末 9:00—18:00
11 月 1 日—次年 2 月 28 日 周一至周日 9:00—17:00
门票价格：220 元，现役消防救援人员及身高 1.2~1.5 米 (不含) 儿童半价
周边景点：国家海洋博物馆（12.6 千米）
附近美食：强军餐厅、海盗食光餐厅
咨询电话：022-67288890
官方网站：http://www.binhaipark.cn/

天津海昌极地海洋世界　　景区等级：AAAA

天津海昌极地海洋公园，系国家级科普教育基地及华北地区唯一的极地馆，以其丰富独特的极地海洋资源、精湛的动物明星表演、多元化的互动项目，被誉为“最受消费者欢迎的十大热门海洋主题公园之一”及“亲子游项目首选目的地”。

天津海昌极地海洋公园为开放式景区，占地面积 4.9 万平方米，呈鲸鱼状复合结构。拥有六大场馆、十五大展区、四大科普秀、五大动物明星及夜宿、夜宴等高端特色主题产品，深受游客喜爱。

小贴士：

景点地址： 天津市滨海新区响螺湾中心商务区 61 号
交通情况： 110、821 路（商业街站）
开放时间： 9:00—17:00 （随季节有变化）
门票价格： 290 元
周边景点： 海门大桥（0.5 千米）| 外滩公园（0.5 千米）
附近美食： 好好味面屋、七分甜奶茶
咨询电话： 022-66227777

天津港文化旅游区

天津港文化旅游区是全市唯一具有港口特色的工业游线路。通过参与“工业游”活动，游客可以参观天津港全球首个“智慧零碳”码头如何实现全流程无人自动化运行，鉴赏欧洲著名葡萄酒企业带来的葡萄酒商品和文化，在东疆湾沙滩景区享受生态绿色旅游新时尚，近距离了解天津港各项事业成就，体验港口特色文化，感受时代发展脉搏。

小贴士：

景点地址： 天津市东疆综保区观澜路
交通情况： 935、513 路（东疆湾景区）
开放时间： 10 月 8 日—4 月 3 日 9:00—16:00，4 月 4 日—10 月 7 日 8:30—17:00
门票价格： 淡季 25 元 / 人，旺季 50 元 / 人
周边景点： 东疆亲海公园（2.7 千米）| 东疆纪念公园（3.6 千米）
附近美食： 东疆湾美食一条街、东疆湾观澜海鲜酒店
咨询电话： 022-25702168、25702169

盐业风情游览

天津长芦汉沽盐场位于天津滨海新区北部，占地面积为 96 平方千米，是国内重要的海盐生产企业。汉沽盐场前身为“芦台场”，始建于五代后唐同光三年（公元 925 年），所产的海盐被誉为“芦台玉砂”，为明清贡盐，是中国盐业生产企业中唯一的“中华老字号”，是食用盐定点生产企业“001”号和北方最早的海盐原生态生产保护地。

汉沽盐场以工业游为主，从“生产设施景观化、生产设备景点化、生产工艺路线与景区一体化”入手，建成了“长芦汉沽盐业展览馆”在盐业展览馆内可以通过汉沽盐场千年历史演变，了解长芦盐文化；建设中的盐业风情游览区可以现场参观绚丽的卤水池、洁白如雪的盐板、巍峨壮观的盐坨、深邃古滩和富有传奇色彩的“八卦滩”文化广场。东部还建有中国最大的现代化海盐生产基地“30 万吨精制盐”项目，游客可以零距离了解海盐生产，体验现代科技带来的成果，了解地方民俗，普及海洋文化知识。2022 年荣获国家工业旅游示范基地，2023 年获得全国“十佳”文化旅游遗产优秀案例、天津市级非物质文化遗产传承体验基地、首批天津市工业遗产等荣誉。这里可以开展传统文化普及、海盐科普、研学旅游、红色党建游等特色活动。

小贴士：

景点地址：天津滨海新区汉沽国家庄街 93 号（长芦汉沽盐业展览馆）
咨询热线：022-67906730

四、出行宝典

天津轨道交通线网图

Tianjin Rail Transit System Map

注1：本线网图中所标注的车站为相对位置，仅供参考，请以实际地形为准。

注2："○"和"▬▬"表示尚未开通的车站和线路。

注3："○------○"表示"站外换线联程优惠"车站。即乘客持同一张车票于30分钟内出站联程另一条线路可享受减1元的联程优惠。单程票和计时计次票不支持站外换线联程优惠。

注4：和平路站（3号线、4号线）采用"出站换乘"。即乘客持同一张车票于30分钟内出站换乘票价连续计费。单程票不支持出站换乘连续计费，须出站另行购票。

12328 交通运输服务监督电话 Transportation Service Supervision Hotline

TRT 运营服务热线 Operation Service Hotline 85568890

地铁保护审查咨询电话 Metro Protection Censor Hotline 87811572

天津轨道交通新浪官方微博

天津地铁运营新浪官方微博

天津地铁运营官方微信

天津地铁APP

天津站

天津站始建于 1886 年，于 1888 年正式通车运营，初站址建于“旺道庄”，后移址至海河畔“老龙头”处，因而曾名为“老龙头火车站”。斗转星移，中华人民共和国成立后多次扩建的天津站已经是功能齐全、高效便捷及智能化的大型交通枢纽。走出火车站，沿河风光一览无余——“日月”环绕的世纪钟、曾名“万国桥”的解放桥、蜿蜒流淌的海河与隔河相望的津湾广场共同奏响时代交融的华章。

小贴士：

关注微信公众号铁路天津站获取更多信息

景点地址： 天津市河北区新纬路 1 号

交通情况： 地铁 2、3、9 号线 (天津站)； 5、8、9、13 路等

周边景点： 世纪钟 (0.5 千米)| 津湾广场 (0.5 千米)| 意式风情旅游区 (1 千米)

附近美食： 青年餐厅、京鸭记 • 北京烤鸭、渔家湾蒸汽海鲜、新疆风味餐厅

天津南站

天津南站位于天津市西青区张家窝镇，2011 年 6 月正式投入运营，是京沪高速铁路正线北段唯一一座“站桥合一”结构的高架车站。车站占地面积 10139 平方米、建筑面积 9409.45 平方米。客流主要集中在北京、上海、合肥、济南、烟台、青岛等地。日常开行 111 列，周末开行 115 列、高峰 118 列，日均运力 1.6 万人。地面主要设施包括：进出站口各 2 个、地铁连廊换乘区、公交换乘区、出租车（网约车）搭载区，实现了旅客乘坐火车、地铁、公交和出租车（网约车）的零距离换乘。

小贴士：

景点地址： 天津市西青区张家窝镇柳静路
交通情况： 312、758、587、589、707、674、358 路；地铁 3 号线
周边景点： 社会山广场 (1.1 千米)| 民国物语博物馆 (1.2 千米)| 八郎爷庙 (1.2 千米)
附近美食： 四季餐厅、八号码头蒸汽海鲜、拾肆號巷子、唐城食府、海底捞火锅

天津西站

天津西站为中国铁路北京局集团有限公司天津站管辖的一等站，枢纽由中央站房、无站台柱雨棚、四角 A、B、C、D 辅楼、东西高架桥及落客平台、出租车道及行包地道等附属建筑组成，总建筑面积 22.9 万平方米。

天津西站始建于清宣统元年（1909 年）8 月，至今已有 115 年的历史，于清宣统二年（1910 年）12 月投入运营。天津西站先后进行三次改扩建，2009 年 2 月，天津西站第三次改扩建工程正式动工；2011 年 6 月 30 日，改造后的天津西站正式投入使用。2023 年，天津西站共发送旅客 1481.7 万人。

小贴士：

景点地址：天津市红桥区西站前街 1 号

交通情况：10、15、24、52 路等（西站站）；地铁 1 号线、6 号线（西站站）

周边景点：天津铁道博物馆 (0.5 千米)| 吕祖堂 (1.5 千米)| 天子津渡遗址公园 (1.9 千米)| 天津之眼 (2.1 千米)

附近美食：西北角特色美食街区、贰楼小院、川茶粤府、汉巴味德

天津北站

天津北站始建于 1903 年，最初名为“新开河火车站”，后来又曾更名“天津城火车站”“天津新站”“天津总站”。

当时天津老龙头火车站在俄国租界，袁世凯是直隶总督，来往北京和天津之间必须到此中转，到了就得接受俄国人的检查，令他十分难堪。因此，在 1903 年袁世凯以“天津停车场（指火车站）接近租界，诸多障阻”为由，“添设停车场于河北”。因新车站位于城区以北，故称为“天津北站”。

2023 年，天津北站全年旅客发送人数 61.6 万人。

小贴士：

景点地址： 天津市河区中山路一号

交通情况： 地铁 3 号线、6 号线（北站）；1、27、609、619 路等（北站站）

周边景点： 宁园 (0.5 千米)| 三岔河口 (2.3 千米)| 天津之眼 (2.4 千米)|
古文化街旅游区 (2.9 千米)

附近美食： 二姐家三个拿手菜、局儿串吧、渔家湾蒸汽海鲜、呷哺呷哺

武清站

武清站是中国第一座高铁中间站，于 2008 年 8 月 1 日开通运营。开站时日均发送旅客 200~300 人，逐年增加，到 2019 年，已达到日均发送旅客 9000 人以上，发展迅猛、成效显著。武清站到北京南 21 分钟，到天津站 13 分钟，同城化效应明显，出行十分便捷，区位优势十分突出。

目前，有许多京津两地通勤人员在武清居住，在北京、天津上班，通勤客流较多，加之购物、出差等客流，车站十分繁忙。特别是从早上 6 点左右到 7 点半，通往北京的列车达到 8 趟，平均 10 多分钟就发一趟车，全力满足通勤旅客需求。

小贴士：

景点地址： 天津市武清区前进道
交通情况： 武通 912、913、931 路 (城际站)
周边景点： 京津佛罗伦萨小镇 (0.5 千米)| 文化公园 (2.5 千米)| 南湖 • 绿博园 (10.2 千米)
附近美食： 翟老大、娜娜家、韩三岁、Bellavita、米村拌饭

滨海站

滨海站地处滨海新区滨海金融区北端，是京津城际铁路延伸至滨海新区的终点站，日均开行 28 对城际列车，其中滨海至北京南 26 对，滨海至天津 2 对。

车站站房建筑面积为 86168 平方米，设计为地面一层和地下三层结构，地面层为进站大厅，地下一层为候车厅，地下二层为站台层、地下三层为市政地铁 B1、B2、Z1 线，是集运输生产、旅客服务、市政配套等多功能于一体的综合交通枢纽站，旅客可实现地铁、公交和铁路等交通工具的换乘。

滨海站穹顶为超大跨度贝壳式双向螺旋钢结构，结构与“鸟巢”类似，整体外形酷似“贝壳”状。钢结构与膜材质的完美搭配，使得旅客站在车站任一角度都能感受到“贝壳”花纹的视觉效果，呈现出独一无二的“贝壳”式穹顶特色车站。

小贴士：

景点地址： 天津市滨海新区新港路
交通情况： 108、124、134、513、822 路等（高铁滨海站）
周边景点： 于家堡滨河公园 (1.1 千米)| 天津海昌极地海洋公园 (2.1 千米)| 潮音寺 (2.2 千米)
附近美食： 凤霞海鲜、锦一味 • 全牛宴、九田家黑牛烤肉料理、叹鱼烤鱼餐厅

天津滨海国际机场

天津滨海国际机场始建于 1939 年，1950 年 8 月 1 日新中国第一条民用航线从这里起飞，新中国第一家航空公司、新中国第一所民航专业技术学校均在此成立，天津滨海机场也因而被誉为“新中国民航的摇篮”。

天津滨海国际机场是国内干线机场、国际定期航班机场、国家一类航空口岸，中国主要航空货运中心之一，是京津冀世界级机场群的重要基础设施、北方重要门户机场。天津滨海机场人正秉承着“团结协作、勇担重任、创新进取、志存高远”的企业精神，奋力实现建设中国国际航空物流中心、区域枢纽机场、综合交通枢纽的战略目标。

小贴士：

景点地址：天津市东丽区津汉公路
交通情况：地铁 2 号线；定制式班线（机场至武清方向）；长途班线
周边景点：东丽机床博物馆 (2.9 千米)| 寻安鹿园 (6.4 千米)
附近美食：和府捞面、狗不理、鹿港小镇、味千拉面、肯德基、麦当劳
官方网站：http://www.tbia.cn

→天津国际邮轮母港

天津国际邮轮母港是目前亚洲最大的邮轮母港，规划面积 120 万平方米，海岸线长 1600 米，可建造 6 个大型国际邮轮泊位，能接待世界上最大的豪华邮轮，航线覆盖亚洲多个国家与地区。同时具备特色餐饮店、大型免税商店、娱乐休闲、会议展览、观光平台、交通换乘等相应场所。

地址：天津市塘沽东疆保税区观海道 1001 号

电话：022-25604125

网址：http://www.tichp.com/index.asp

→铁路交通

天津主要的客运火车站有天津站、天津西站、天津南站和天津北站。另外，还有杨柳青站、武清站、塘沽站、滨海站、滨海西站、滨海北站、静海站、宝坻站、蓟州北站、蓟州站等各区火车站。购票可在火车站售票窗口或自助机上办理，也可以使用相关软件网上预订和购买，客服电话为 01012306。

→公共交通

天津的公交线路由市区线、郊区线、校线、机场巴士线、公交通勤服务车、旅游专线和村村通线路等组成。其中天津市区公交车大都实行无人售票，车费在 1~2 元（K 字头的是 2 元起价）。可在公交站、地铁站等处购买一卡通，适用范围有公交、地铁。天津公交车已开通手机移动支付，支付宝可搜索“天津公交”或“天津公交电子客票”，即可扫码乘车。微信可搜索小程序“码上易行”，可扫码乘车。

→出租车

天津出租车排量在 1.6 升（含 1.6 升）以下车型起步价为 11 元（3 千米内），超过 3 千米后为 2.2 元 / 千米，超过 10 千米加收 50% 的返程费，每等候 5 分钟按 1 千米计价。另外，还有滴滴专车、顺风车、曹操专车等多种出行选择，需下载相应的 APP，即可操作使用。

→共享单车

天津和其他城市一样，共享单车随处可见，主要有青桔、美团、哈啰等，可通过滴滴、美团或支付宝等平台进行使用，十分方便。

颐和国际珠宝大厦
YIHE